計劃一下
享受一個輕巧自在的
悠哉小旅行

ことりっぷ  co-Trip
小伴旅

倉敷・尾道
瀨戶內諸島

讓我陪你去旅行
一起遊玩好EASY～

走♪我們出發吧

抵達倉敷・尾道・瀨戶內諸島後…

1 有著美麗貼瓦牆的倉敷考古館（🗺 P.24）
2 網羅了世界名作的大原美術館。是來到倉敷務必造訪的景點（🗺 P.26）
3 倉敷川沿岸柳條隨風搖曳的倉敷美觀地區（🗺 P.22）
4 在宛如迷宮的尾道斜坡道上散步。這裡是裝飾著福石貓和壁畫的貓之細道（🗺 P.72）
5 環遊諸島，悠閒的景色和時間也是樂趣之一（🗺 P.102）

那麼，接下來要做什麼呢？

終於到倉敷・尾道・瀬戶內諸島了。

遊逛有著美麗白牆的倉敷美觀地區。
在斜坡之城的尾道尋訪古寺及巷弄探險。
前往瀬戶內諸島來趟小旅行也很不錯。

來到倉敷一定不能錯過大原美術館、倉敷川週邊和本町通等地的街道散步。尾道則有千光寺公園，漫遊宛如迷宮一般綿延的坡道也很有趣。海岸通及周圍的巷弄裡特色小店正快速增加中。來到島嶼上則不妨享受一趟悠閒的藝術巡禮吧。

由倉敷美觀地區的本町通
一路散步到東町通吧 ☞P.30

check list

- ☐ 在倉敷美觀地區散步 ☞P.22
- ☐ 在大原美術館欣賞世界各地的藝術 ☞P.26
- ☐ 購買倉敷獨特的工藝品 ☞P.40
- ☐ 迷失在尾道的石板坡道 ☞P.66
- ☐ 在尾道的巷弄中尋找隱秘小店 ☞P.76
- ☐ 在尾道的海岸通品嘗歐風午餐 ☞P.84
- ☐ 渡橋後來到島波海道環遊島嶼 ☞P.96
- ☐ 在直島、豐島和犬島一整天，沉浸在藝術之中 ☞P.104・108・112

倉敷川沿岸不管看哪兒
都是如詩如畫的風景 ☞P.22

從千光寺眺望尾道
街景十分美麗 ☞P.70

搭船前往當代藝術蔚為話題的直島
☞P.104

大三島上有這種美術館喔
（TOKORO美術館大三島 ☞P.97）

在尾道斜坡上的咖啡廳忘卻時間
度過午茶時光（象の館 ☞P.69）

抵達倉敷・尾道・瀬戸内諸島後…

1 很有人氣的町家咖啡廳，三宅商店。走廊吹來令人舒爽的微風（📍P.38）
2 旅館くらしき レストラン的御膳，外觀也很繽紛（📍P.34）
3 陳列著好品味商品的倉敷意匠atiburanti（📍P.46）
4 在茶房こもん品嘗顏受好評的鬆餅（📍P.89）
5 夕やけカフェドーナツ形狀可愛的豆腐甜甜圈（📍P.78）
6 在monolom裡有許多令人想在日常生活使用的雜貨（📍P.76）

要吃點什麼呢？

瀨戶內的海鮮連老饕都說讚。
此區來自近郊的農產品也很豐富。
不管是哪種料理都能發揮食材的美味。

瀨戶內海是日本數一數二的優良漁場。在這個一年四季都可捕撈到種類豐富海產的地區，無論日式或西式，絕對要嚐嚐海鮮料理。在倉敷則以町家和民宅改建而成的咖啡廳最受歡迎。而在尾道可享用在地拉麵，最適合邊走邊吃的地方點心也不可錯過。

品嘗當季食材製作的優雅法國菜
（ブルミエ☞P.37）

享用咖啡歐蕾
好好放鬆一下
（Félicité☞P.38）

check list

- ☐ 在倉敷品嘗最當令的和風餐點 ☞P.34
- ☐ 倉敷風的義大利菜&法國菜 ☞P.36
- ☐ 在倉敷的舒適咖啡廳裡偷閒 ☞P.38
- ☐ 好想吃尾道拉麵 ☞P.80
- ☐ 在尾道大啖瀨戶內的美食 ☞P.82
- ☐ 在尾道的海岸通享受西式午餐 ☞P.84

瀨戶內海鮮的握壽司是極品美味（藏鮨☞P.83）

要買些什麼呢？

作家用心製作出的手工藝作品、
其他地方買不到的商品和在地美食。
尋找散發「個人特色」光芒、獨一無二的商品吧。

自古以來手工藝繁盛的倉敷，販賣民藝品、手工藝商品等的店家和藝廊散佈各處。在街上遊逛時順道尋找喜歡的商品吧。在尾道遊逛商店街和巷弄中的小店最令人期待。而藝術之島上的美術館商品也相當吸引人。

堅固耐用又可愛的包包
當然是給自己的伴手禮
（工房尾道帆布☞P.75）

倉敷的民藝品，送給誰好呢？
（倉敷民藝館☞P.40）

裝在可愛瓶子中的甜蜜布丁
（おやつとやまねこ☞P.79）

check list

- ☐ 倉敷獨有的民藝品 ☞P.40
- ☐ 平翠軒（倉敷）嚴選的美食 ☞P.42
- ☐ 起源自倉敷的講究商品 ☞P.46
- ☐ 尾道為主的伴手禮 ☞P.74
- ☐ 令人想一口咬下的尾道小點心 ☞P.78
- ☐ 深富藝術性的美術館商品 ☞P.114

到倉敷·尾道玩3天2夜

第1天造訪白牆之町倉敷，第2天前往斜坡和海港之城尾道。
盡情徜徉在2個不同特色的懷舊街區中。
第3天跨過橋樑，走遠一點到島波海道吧。

10:00

第1天

抵達倉敷站。
步行前往
倉敷美觀地區吧。

首先來到**大原美術館**（☞P.26）。
在課本上看過的名畫和美麗的
工藝品帶來滿滿的感動。

12:00

在位於東町的**TRATTORIA
はしまや**（☞P.36）吃
午餐。改裝自町家的店內
很美。

今日的午餐是
義大利風餐點

13:00

前往傳統町家風情令人心醉的**本町通、東
町**（☞P.30）。探訪時尚的雜貨店和咖
啡廳。

14:30

前往收藏、展示來自世
界各地民藝品的**倉敷民
藝館**（☞P.25）。附
設的商店（☞P.40）
也不可錯過。

15:30

沿著白牆建築綿
延的倉敷川畔散
步。**倉敷川遊船**
（☞P.23）也別有一
番趣味。

17:00

下榻佇立在倉敷川河
畔的老舖旅館，**旅館
くらしき**（☞P.53）。
活用當季食材的料理
也令人期待。

吃完飯後，
散個步吧？

夜晚可以好好享受
打上燈光的夢幻街
景。（☞P.32）

第2天

搭乘電車
前往尾道。

10:00

一邊眺望海景
一邊享用吧

從尾道站前往海岸通，在沿海處散步。發現知名的冰淇淋最中からさわ（🔗P.79）

11:30

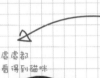

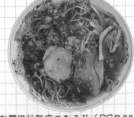

在尾道拉麵店つたふじ（🔗P.80）稍微提早吃午餐。點最有人氣的中華蕎麥麵。

12:30
搭乘空中纜車前往千光寺山上。隨心所欲地在迷宮般綿延的斜坡小路上走走吧。
（🔗P.66）

處處都
看得到貓咪

13:30
往位於斜坡上的咖啡廳，**帆雨亭**（🔗P.68）小憩片刻。窗外是寬廣的尾道海峽風光。

14:30
穿過貓之細道前往**招財貓美術館 in 尾道**（🔗P.72）。被大量的招財貓包圍，感覺不小心就會逛很久。

17:00
稍微遠離市區的**西山別館**（🔗P.92）是今天的落腳處。沈穩的氣氛非常棒。

15:00
在斜坡小路散步過後就是購物時間了。去商店街及巷弄中（🔗P.74・76）尋找美味&可愛的伴手禮吧。

買到了好像很
美味的果醬

第3天

租車前往島波海道兜風。

10:00
首先前往生口島。在平山郁夫美術館（□P.96）中感受含有祈求和平心願的藝術作品。

可以一面欣賞島上遍佈四處的戶外裝置藝術一面在海岸線兜風。

據說是以「整座島嶼就是美術館」的概念展示著17件作品

11:00
在蛸処 憩（□P.96）吃午餐。生口島著名的章魚，口感緊實而帶有嚼勁

13:00
跨過多多羅大橋前往大三島。參拜本殿、拜殿皆列為重要文化財的大山祇神社（□P.97）。

14:00
前往熱門的**TOKORO美術館大三島**（□P.97）。入口處別出心裁。

也可參觀位於附近的伊東豊雄建築博物館、岩田健的母與子博物館。

 香氣十分清爽

16:00
Limone（□P.97）以自家種植的柑橘製成的利口酒頗受好評。伴手禮當然要買檸檬酒。

我的旅行
小法寶

擬定計畫的訣竅

倉敷和尾道都是小城鎮，主要的觀光景點都在步行可至範圍內。就算將主要推薦的觀光景點組合起來遊逛，時間上也相當充裕。尾道因坡道較多，建議穿上好走的鞋子。而在島波海道則好好享受島嶼特有的閒適風景和時間吧。

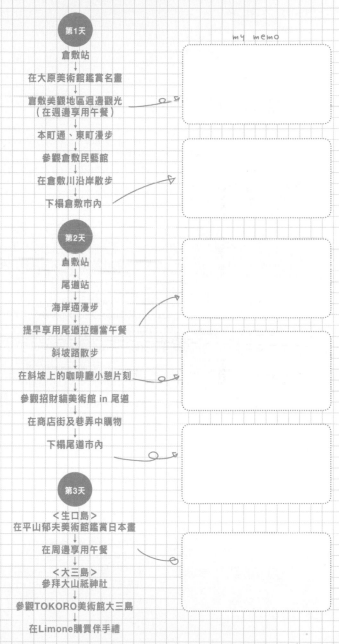

my memo

第1天

倉敷站

在大原美術館鑑賞名畫

倉敷美觀地區週邊觀光
（在週邊享用午餐）

本町通、東町漫步

參觀倉敷民藝館

在倉敷川沿岸散步

下榻倉敷市內

第2天

倉敷站
↓
尾道站
↓
海岸通漫步
↓
提早享用尾道拉麵當午餐
↓
斜坡路散步
↓
在斜坡上的咖啡廳小憩片刻
↓
參觀招財貓美術館 in 尾道
↓
在商店街及巷弄中購物
↓
下榻尾道市內

第3天

<生口島>
在平山郁夫美術館鑑賞日本畫
↓
在周邊享用午餐
↓
<大三島>
參拜大山祇神社
↓
參觀TOKORO美術館大三島
↓
在Limone購買伴手禮

倉敷

江戶時代時，倉敷作為幕府的直轄地而繁榮一時。保存著昔日風貌的街區，被選定為重要傳統建築物群保存地區。

尾道

保留了許多坡道和古寺的港都。千光寺公園週邊則有居住在此的文人雅士之故居，以及大林宣彥導演的電影拍攝場景。

直島

位於玉野市近海的小島。是受到全世界矚目的「藝術之島」，為了欣賞這裡才有的獨特風景，有許多遊客造訪。

島波海道

以10座大橋連接因島、生口島等位於瀨戶內海上6座島嶼而成的島波海道。可以使用步行或自行車渡橋。

所在位置

中国自動車道

福鹽線

廣島縣

三原市

廣島機場

尾道市

福山市

笠岡市

竹原市

因島北
因島

島波海道

生口島

大三島

伯方島

大島

四国中央市

愛媛縣

今治市

瀨戶內海

犬島

位於岡山縣的小島。保存明治至大正年間運作的煉銅工廠，並改建成美術館，吸引許多的藝術愛好者前來參觀。

小豆島

是瀨戶內海上繼淡路島後的第二大島。以小說『二十四之瞳』的故事舞台、橄欖、素麵以及醬油等最為著名，豐饒的大自然也很有魅力。

豐島

有梯田和湧泉等，自然資源豐饒的島嶼。可以在豐島美術館等地，欣賞2013年舉辦之「瀨戶內國際藝術祭」的作品。

介紹一下「倉敷‧尾道‧瀨戶內諸島」

擁有溫和的氣候和豐富自然的瀨戶內區域。
欣賞了擁有美麗白牆街景的倉敷、斜坡與巷弄之城尾道的懷舊景緻後，
也走遠一些，來到當代藝術富有盛名的瀨戶內海諸島吧。

ことりっぷ co-Trip 小伴旅　倉敷・尾道・瀬戶內諸島

CONTENTS

倉敷

江戶時代起歷經明治、大正再到昭和時代
令人回憶起悠久歷史的倉敷美觀地區。
唯獨這裡的時間彷彿靜止一般的
懷舊街道上
座落著許多景點，
如大原美術館、倉敷民藝館等。
走累的話就到咖啡廳
悠閒地喝杯茶吧。

藍色的天空使得屋瓦的紋路更加明顯。

林立在河岸邊的白牆町家、有美麗貼瓦的倉庫、

紅磚的建築等，維持著原本的風貌。

倉敷的街景令許多到訪的遊客為之讚嘆，

過去建造這些倉庫和住宅的人們，

一定想不到會受這麼多人喜愛吧。

大略地介紹一下倉敷

以作為江戶幕府的直轄區而繁榮的倉敷川沿岸為中心
倉敷美觀地區聚集了許多觀光景點。
若時間允許的話，不妨走遠一些到海邊小鎮兒島吧。

藝術迷嚮往的
大原美術館 P.26
おおはらびじゅつかん

1930（昭和5）年開館，是日本第一
間西洋近代美術館。是相當出名的
倉敷美觀地區地標，為了一睹艾爾‧
葛雷柯的『聖母領報』和莫內的
『睡蓮』等作，一年約有國內外約
40萬人造訪。

旅程由倉敷站開始

太早起而有點餓
☞ 簡單的早餐＆午餐

除了JR倉敷站前的天滿屋、車站北側的購
物中心Ario倉敷之外，車站周邊也有一些
咖啡廳和餐飲店。吃早餐或午餐的同時，
事先確認觀光路線及想去的地方，之後的
行程會更加順暢。

先去一趟
☞ 觀光服務處取得觀光資訊

倉敷站前觀光服務處位於JR倉敷站前，倉
敷City Plaza西大樓2樓，可索取便於觀光
的手冊和地圖等，以利行程進行。此外，
倉敷美觀地區有倉敷館觀光服務處，倉敷
市立中央圖書館旁有倉敷市觀光休息處。
都是兼具免費休息處功能的觀光服務處。

放下沉重行李輕鬆觀光
☞ 利用投幣式寄物櫃

設置在出JR倉敷站2樓剪票口後的北口旁，
及出南口後到一樓西側的「車站租車」
旁。有各種尺寸，費用為300日圓、400日
圓、600日圓。

有沒有忘記什麼呢？
□ 旅遊書　　　□ 相機
□ 帽子　　　　□ 錢包

詢問處
● 倉敷站前觀光服務處‧☎086-424-1220
● 倉敷館觀光服務處‧☎086-422-0542
● 倉敷市觀光休息處‧☎086-425-6039

尋找令人心動的骨董
兒島 こじま P.48

稍微
走遠一些

瀨戶大橋所在的港町兒島，有著
全日本骨董愛好者關注的商店，
復古的外觀讓人有種
立刻就能找到迷人
骨董的預感。

一天行程的迷你城區

倉敷美觀地區由倉敷川沿岸和本町通‧東町等2個區域組成。景點雖然豐富，但都集中在半徑300m左右、步行可至的範圍內。

好好享受
街區漫步及購物吧
本町通‧東町
ほんまちどおりひがしまち  P.30

工匠及商人住家林立的本町通，是昔日的主要街道。再往前接續著有沈穩風情的東町。沿路有旅館和釀酒廠、倉敷帆布等商店以及町家咖啡廳。

悠閒漫遊
白牆的街區
倉敷川周邊
くらしきがわしゅうへん P.22

河畔點綴著柳樹的倉敷川週邊，是倉敷美觀地區的中心區域。林立著述說過去繁榮的雄偉商家和利用倉庫改建的文化設施。乘著輕晃的小船，從河上欣賞白牆的街區也不錯。

倉敷美觀地區周邊會舉辦倉敷春宵燈火節（3月），Heart Land倉敷慶典（5月）、倉敷屏風節（半形10月中旬）等活動。

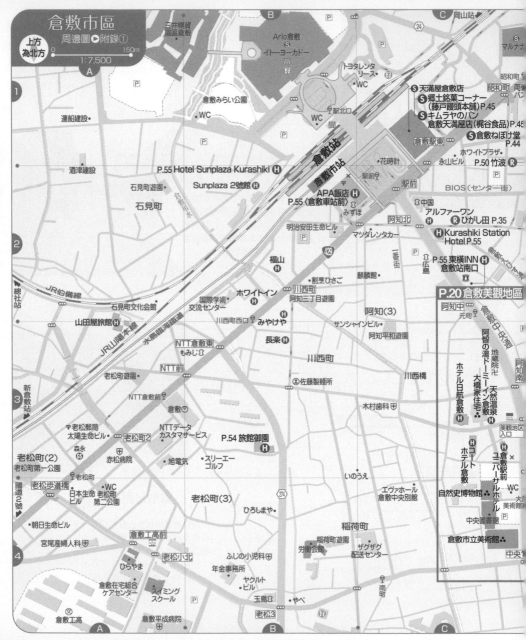

倉敷市區
周邊圖 ▶ 附錄①

上方為北方

0　　　150m
1:7,500

A　B　C　岡山站

三井�ョッピング
園區倉敷

Ario倉敷
イトーヨーカドー

トヨタレンタ
リース

WC

倉敷みらい公園

WC

駅北口

WC

駅北口

倉敷站

倉敷駅東

昭和町　両

昭和町

S 天満屋倉敷店
S 郷土銘菓コーナー
（藤戸饅頭本舗）P.45
S キムラヤのパン
倉敷天満屋店（梶谷食品）P.45
S 倉敷ねぼけ堂 P.44

運船建設

ホワイトプラザ

永山ビル　P.50 竹波 R

BIOS（センター街）

酒津建設

花時計

石見町遊園

P.55 Hotel Sunplaza Kurashiki H

Sunplaza 2號館 H

石見町

倉敷市站

駅前

APA飯店
P.55〈倉敷車站前〉

中国
アルファーワン
H　　　ひがし田 P.35
H Kurashiki Station
Hotel P.55

みずほ

阿知北

明治安田生命ビル

マツダレンタカー

福山

麒麟館

一番街

広島

P.55 東横INN
倉敷站南口 H

JR伯備線

石見町文化会館

国際学術
交流センター

ホワイトイン

割烹ひさご

川西町

阿知三丁目遊園

P.20 倉敷美觀地區

阿知中　元町

山田屋旅館

JR山陽本線

川西町西口

みやけや

阿知（3）

サンシャインビル

阿知平和遊園

長楽 H

川西町

川西橋

天然温泉
阿智の湯ドーミーイン倉敷
大橋家住宅

新倉敷站

水島臨海鉄道

NTT倉敷東
もみじ

NTT前

老松町遊園

佐藤製麺所

木村歯科

ホテル日航倉敷

コートホテル倉敷

倉敷駅前
ユニバーサルホテル

美觀地區
入口

NTT倉敷前

倉敷

NTTデータ
カスタマサービス

P.54 旅館御園 H

總社站

〒老松郵局
太陽生命ビル

老松町2

森永

赤松病院

旭電気

スリーエー
ゴルフ

いのうえ

自然史博物館

WC

大

老松町(2)
老松町第一公園

老松町

老松歩道橋

日本生命老松
ビル
第二公園

WC

老松町(3)

ひろしまや

エヴァホール
倉敷中央別館

中央圖書館

倉敷市立美術館

國道2號

朝日生命ビル

宮尾産婦人科

倉敷工高前

ふじの小児科

稲荷町

稲荷町遊園

労働会館

ザグザグ
配送センター

ひらやま

倉敷在宅総合
ケアセンター

スイミング
スクール

老松小北

年金事務所

ヤクルト
ビル

玉島

南町

やべ

倉敷工高

倉敷平成病院

老松3

A　B　C

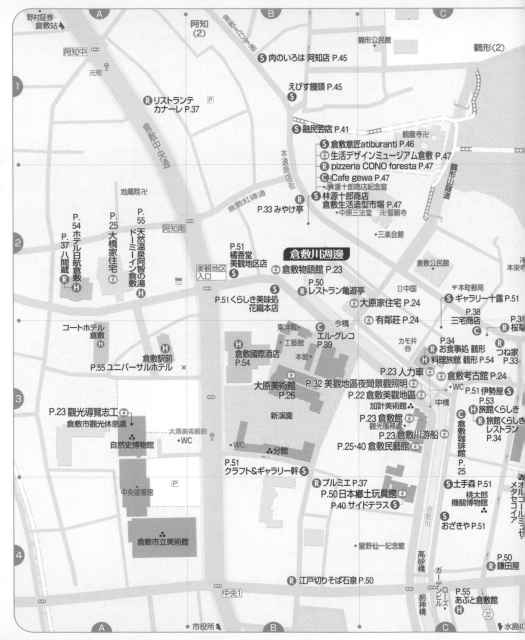

野村証券
倉敷站▲
阿知中 ⊞
元町
阿知
(2)

倉敷メディアやま通

🅰 肉のいろは 阿知店 P.45

鶴形公民館

鶴形(2)

① リストランテ
カナーレ P.37

えびす饅頭 P.45
Ⓢ

🅂 融民会店 P.41
観龍寺卍

🅂 倉敷意匠atiburanti P.46
⊟ 生活デザインミュージアム倉敷 P.47
🅡 pizzeria CONO foresta P.47
Ⓒ Cafe gewa P.47
・林源十郎商店記念室
🅂 林源十郎商店
倉敷生活造型市場 P.47
・中原三法堂 卍鷲願寺

🅡
P.33 みやけ亭

・三楽会館

地蔵院卍

倉敷紅簾通

P.54 ホテル日航倉敷
P.37 八間蔵
P.25 大橋家住宅 ⊞
P.55 ドーミーイン倉敷 Ⓗ
阿知南

倉敷中央通

天然温泉阿智の湯
P.51
橘香堂
美観地区店 🅂

美観地区
入口
P.33 みやけ亭

倉敷川週邊
🅂 倉敷物語館 P.23
P.50
🅡 レストラン亀遊亭

🅂 P.51くらしき美味処
花織本店

🅰 大原家住宅 P.24

倉敷公民館

🅂 ギャラリー十露 P.51

P.38
三宅商店

〒本町郵便局

🅂 Ⓒ中国

⊟ 有鄰荘 P.24

🅡 桜草

コートホテル
倉敷 Ⓗ

倉敷駅前
P.55 ユニバーサルホテル ×

Ⓗ 倉敷國際酒店
P.54

東洋軒・
・工藝館
・本館

Ⓒ エル・グレコ
P.39

今橋

カモ井
Ⓡ

P.34
お食事処 鶴形
料理旅館 鶴形 P.54

つね家
P.33

P.23観光導覧志工
倉敷市観光休息處

大原美術館
P.26

新渓園

P.32 美観地区夜間景観照明
P.22 倉敷美観地区
加計美術館
P.23 倉敷館
観光服務處
P.23 倉敷川游船
P.25・40 倉敷民藝館

P.23 人力車

🅂 倉敷考古館 P.24

・WC P.51 伊勢屋
🅡 旅館くらしき
P.53
🅡 旅館くらしき
レストラン
P.34

大原美術館前
・WC

自然史博物館

・WC

🅂 倉敷珈琲館
P.25

・WC ♣分館

P.51
クラフト&ギャラリー幹 🅂

🅡 ブルミエ P.37
P.50日本郷土玩具館
P.40 サイドテラス 🅂

🅂 土手森 P.51
桃太郎
機關博物館 P.51

中央圖書館

🅂 おざきや P.51

倉敷市立美術館

・星野仙一記念館

高砂橋

P.50
🅡 鎌田屋

🅡 江戸切りそば石泉 P.50

倉敷川

ガーデン
ビル・

前神橋

ローズ・

P.55
あぶと倉敷店 Ⓗ

オルゴールミュゼ
メタセコイア

中央1
市役所▲

㉒
水島IC

20

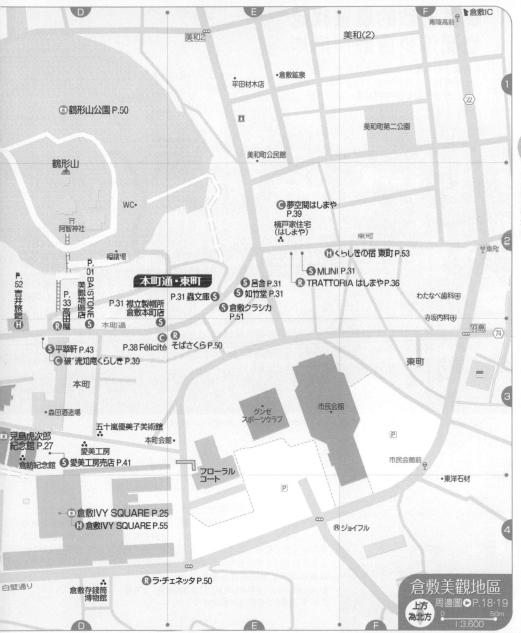

▶倉敷IC

青陵高前

美和2

美和(2)

平田材木店

•倉敷鉱泉

鶴形山公園 P.50

美和町第二公園

鶴形山

美和町公民館

WC•

阿智神社

夢空間はしまや
P.39

楠戸家住宅
(はしまや)

東町

相撲場

くらしきの宿 東町 P.53

P.01 BAISTONE 美觀地區店

MUNI P.31

P.52 壹井旅館

P.33 高田屋

TRATTORIA はしまや P.36

呂舎 P.31

本町通•東町

如竹堂 P.31

P.31 襟立製帽所
倉敷本町店

P.31 蟲文庫

わたなべ歯科

倉敷クラシカ
P.51

寺坂内科

本町通

羽島

74

平翠軒 P.43

P.38 Félicité

そばさくら P.50

東町

破゛流知庵くらしき P.39

本町

•森田酒造場

クンゼ
スポーツクラブ

市民会館

五十嵐優美子美術館

兒島虎次郎
紀念館 P.27

本町会館•

愛美工房

倉紡紀念館

市民会館前

愛美工房売店 P.41

フローラル
コート

倉敷IVY SQUARE P.25

•東洋石材

倉敷IVY SQUARE P.55

ジョイフル

白壁通り

ラ・チェネッタ P.50

倉敷存錢筒
博物館

倉敷美觀地區

上方
為北方

周邊圖 ▶ P.18·19

0   50m

1:3,600

21

調性一致的風景綿延
悠閒漫步倉敷川沿岸

在保留了古老商家建築的街區散步，
或是乘著搖搖晃晃的小船，遊逛倉敷川周邊。
不管怎麼看這裡都是如詩如畫的景色。

1 倉敷川岸柳枝搖曳的風景 2 渠道中倒映著柳樹的倉敷川

白牆的街區令人遙想起因船運而繁榮的年代

倉敷美觀地區

くらしきびかんちく

1642（寬永19）年，作為幕府直轄地設置了代官所，同時倉敷也是備中國內物資集散地，繁榮一時。倉敷川邊聚集了許多富商，為了保管船隻運送進來的白米、棉花等物品而建造了倉庫和商家，進而形成了城鎮。如今，河岸邊仍留有雁木（河岸階梯）和石燈籠，靈活運用老建築並且維持當時的樣貌。從倉敷川畔到鶴形山南側一帶的街道，被選為傳統建築物群保存地區。

☎086-426-3411（倉敷市觀光課）🏠倉敷市中央、本町等
Ⓟ無 🚉JR倉敷站步行15分 MAP 20C-3

在倉敷川
發現了

1 1791（寬政3）年設置的常夜燈。約在30年前移建到現在的場所 **2** 江戶時代作為船隻卸貨所用的雁木，都還留在河川各處

1艘限乘5人

從河面上優雅欣賞街景

倉敷川遊船

くらしきかわふねながし

搭乘富有風情的小船遊覽今橋和高砂橋之間的倉敷川。船頭有解說人員，來回約需20分。從河面上透過柳樹仰望的街景也別有一番風味。

☎086-422-0542（倉敷館觀光服務處）
⏰9:30～17:00之間每30分行駛 休第2週一、12～2月為週一～五（逢假日則行駛，可能有變動）¥船資300日圓
Ⓟ無 MAP20C-3

觀光資訊在這裡

倉敷館 くらしきかん

1917（大正6）年建造作為倉敷町公所的木造洋房建築，現在開放作為觀光服務處、免費休息處。

☎086-422-0542
🏠倉敷市中央1-4-8
⏰9:00～18:00 休無休 Ⓟ無
🚃JR倉敷站步行15分
MAP20C-3

大正浪漫風情的洋風建築

倉敷物語館 くらしきものがたりかん

改建自江戶到昭和初期的建築。有介紹倉敷歷史和街道的展示間、咖啡廳等。

☎086-435-1277
🏠倉敷市阿知2-23-18
⏰9:00～21:00（12～3月為～19:00）休無休
Ⓟ無 🚃JR倉敷站步行15分 MAP20B-2

位於倉敷美觀地區的入口

也有這種遊覽方式

✿ 觀光導覽志工

可免費導覽倉敷美觀地區的景點。除了週一之外，每天（週一逢假日則舉行）上午9點30分以及下午1點30分，有定期班次從倉敷市觀光休息處出發。需時1小時30分。

☎086-425-6039
（倉敷市觀光休息處）　MAP20A-3

✿ 人力車

搭乘人力車遊覽倉敷美觀地區的街道。2人搭乘繞行本町和東町、倉敷IVY SQUARE等的行程需時30分，1人2800日圓。週六 日、假日營業，雨天則休息。在倉敷考古館前設有乘車處。

☎086-463-4694
（くるま屋）　MAP20C-3

倉敷川遊船在倉敷館售票。在中橋的南邊乘船。不接受電話預約。

柳枝搖曳的倉敷川周邊
不妨遊逛四周的景點吧

在倉敷川周邊，將有著本瓦屋頂和海參牆等構造的
昔日富商們住居再利用的設施林立。
也推薦前往最受歡迎的倉敷IVY SQUARE。

富麗堂皇的歇山頂式本瓦屋頂建築

代表倉敷的實業家住宅
大原家住宅
おおはらけじゅうたく

1795（寬政7）年的典型倉敷町家
建築，看得到倉敷窗和倉敷格子
窗。主屋和表屋敷等共10棟皆為
重要文化財，內部不對外開放。

建築物北側的巷子

☎086-422-0005（大原
美術館）🏠倉敷市中央
1-2-1 ⏰只開放外觀自
由參觀 🅿無 🚃JR倉敷
站步行15分 MAP 20B-2

風雅無比的大原家別墅
有鄰莊
ゆうりんそう

是大原美術館的創辦者，大原孫三郎
為了妻子而在1928（昭和3）年建造
的別墅。因為屋瓦的顏色，當地人都
稱之為「綠御殿」。

特製的瓦片

☎086-422-0005（大原美術館）
🏠倉敷市中央1-3-18 ⏰開放外觀自由參
觀 🚃JR倉敷站步行15分 MAP 20C-2

一年數次會開放
作為大原美術館
主辦的特別展會
場

建於倉敷川上
的中橋旁

貼瓦外觀特別吸睛
倉敷考古館
くらしきこうこかん

利用自江戶後期的商家倉庫的館內，展示透過吉備
地區遺跡而得知的生活型態、祭典和葬禮等考古資
料。也可參觀南美洲秘魯的古代陶器。

☎086-422-1542
🏠倉敷市中央1-3-13 ⏰9:00～
16:30（12～2月為～16:00）
🈺週一・二（逢假日則開館）💴門
票400日圓 🅿無 🚃JR倉敷站步
行15分 MAP 20C-3

利用自倉敷町家的第2間

小憩片刻

在老字號咖啡廳品嘗一杯
倉敷珈琲館 くらしきこーひーかん

可品嘗以法蘭絨濾泡式沖泡深焙咖啡豆的香濃咖啡（550日圓～）。菜單只有咖啡，調合咖啡有4種。

☎086-424-5516
仓倉敷市本町4-1
🕙10:00～17:00
㊡無休 🅿無
🚃JR倉敷站步行15分
MAP 20C-3

維也納咖啡700日圓

手工的美麗
不禁欣賞入迷
倉敷民藝館
くらしきみんげいかん

改裝江戶後期的米倉，在1948（昭和23）年開館。展示日本國內外的陶瓷器、漆器等的民間工藝品。附設的商店裡售有倉敷玻璃和備中和紙等尚品。

☎086-422-1637 仓倉敷市中央1-4-11 🕙9:00～16:45（12～2月為～16:00）㊡週一（逢假日則開館、8月無休）🎫入館費用700日圓 🅿無
🚃JR倉敷站步行15分 MAP 20C-3

白色牆壁和貼瓦的對比相當美麗

陳列著與食衣住相關的用品

可以知道倉敷的町家建築樣式

有長屋門構造的富商住宅
大橋家住宅
おおはしけじゅうたく

大橋家因開發新耕地、鹽田而致富，幕末甚至兼任村長，家世顯赫。主屋構造為有倉敷窗、倉敷格子窗的廚子二層建築。被指定為重要文化財。可入內參觀。

☎086-422-0007 仓倉敷市阿知3-21-31 🕙9:00～17:00
㊡無休（12～2月需確認）🎫參觀費500日圓 🅿無 🚃JR倉敷站步行10分 MAP 20A-2

周邊地圖P.20

這裡也不可錯過

美麗的爬牆虎和紅磚的觀光‧住宿設施
倉敷IVY SQUARE くらしきアイビースクエア

重新利用創立於1889（明治22）年，倉敷紡績舊工廠的復合式設施。爬滿爬牆虎的紅磚建築，還保留著當時根據英國工廠的形象所建造的樣貌。有飯店和紀念館、體驗工坊等設施。

☎086-422-0011
仓倉敷市本町7-2
🕙㊡視設施而異
🅿有（需付費）🚃JR倉敷站步行20分
MAP 21D-4

位於中央的中庭可自由進入

每個設施都有許多可看之處。若時間允許建議花時間慢慢參觀。

在倉敷美觀地區的象徵，大原美術館
欣賞世界各地的藝術吧

來到倉敷美觀地區，務必一遊的地方就是這裡。
艾爾·葛雷柯的『聖母領報』、莫內的『睡蓮』等
世界名畫和名作邀請你進入藝術的世界。

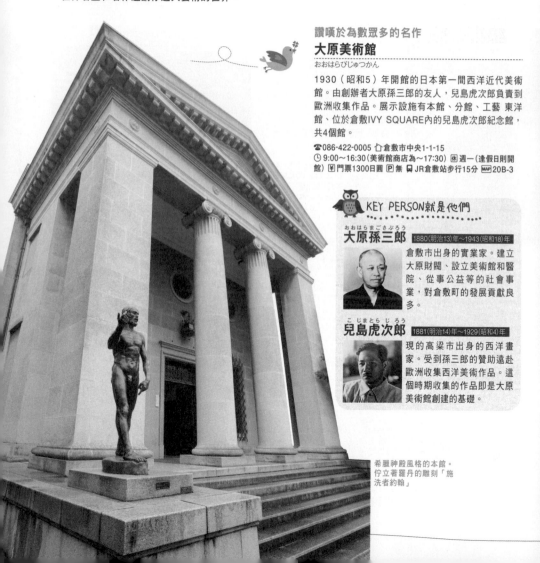

讚嘆於為數眾多的名作

大原美術館
おおはらびじゅつかん

1930（昭和5）年開館的日本第一間西洋近代美術館。由創辦者大原孫三郎的友人，兒島虎次郎負責到歐洲收集作品。展示設施有本館、分館、工藝 東洋館、位於倉敷IVY SQUARE內的兒島虎次郎紀念館，共4個館。

☎086-422-0005 ⌂倉敷市中央1-1-15
🕘9:00~16:30（美術館商店為~17:30）㊋週一（逢假日則開館）¥門票1300日圓 Ｐ無 🚇JR倉敷站步行15分 MAP 20B-3

🦉 KEY PERSON就是他們

大原孫三郎 1880(明治13)年~1943(昭和18)年

倉敷市出身的實業家。建立大原財閥、設立美術館和醫院、從事公益等的社會事業，對倉敷町的發展貢獻良多。

兒島虎次郎 1881(明治14)年~1929(昭和4)年

現的高梁市出身的西洋畫家。受到孫三郎的贊助遠赴歐洲收集西洋美術作品。這個時期收集的作品即是大原美術館創建的基礎。

希臘神殿風格的本館。
佇立著羅丹的雕刻「施洗者約翰」

本館2樓的展示樓層

分館

可欣賞明治以後的作品

展示著孫三郎的長子，總一郎所收集的藤島武二、岸田劉生、安井曾太郎等的日本近代、現代美術作品。

分館的前院有羅丹、摩爾的雕刻作品

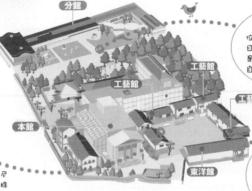

分館

新溪園

位於本館和分館之間的日本庭園。可在過去曾是大原宗別墅的庭園內自由參觀。

工藝館

工藝館

工藝館

本館

東洋館

美術館商店

販賣以大原美術館收藏作品為概念設計的原創商品。也只此一商店。

本館

陳列著創世時期後的作品

展示著以印象派為主的作品，到歐美的現代美術作品等。莫內的『睡蓮』和艾爾·葛雷柯的『聖母領報』就在這裡。

莫內的睡蓮

從位於法國吉維尼的莫內庭園中分株過來的睡蓮。夏季時會開出可愛的花朵。

位於倉敷 IVY SQUARE內

兒島虎次郎紀念館

こじまとらじろうきねんかん

展示介紹包括虎次郎的代表作『里之水車』、古代埃及和史前伊朗、中世紀伊斯蘭的美術作品。入館券與大原美術館共通。

MAP 21D-3

利用明治時期倉庫的展示空間

像是圍繞著中庭般綿延的米倉就是展示間

工藝·東洋館

工藝作品和亞洲藝術之美令人感動

工藝館展示著柳宗悅提倡的民藝運動的實踐者們，濱田庄司、富本憲吉等人的作品；東洋館則展示著東洋的古代美術作品。

小道消息

互動式鑑賞行程

每週六的下午1點30分和週日上午11點，可與工作人員一同鑑賞作品。需時30～45分。只憑門票即可參加。

隔天參觀也OK

當日無法參觀完4個館的情況下，翌日可進入尚未參觀的館內欣賞。

大原美術館的腹地內，不需門票可自由參觀。

終於進入大原美術館館內
好好的享受一場藝術之旅吧

從大原美術館收藏約3000件的作品中
精心挑選特別值得一看的作品。
美術館商店裡藝術感十足的伴手禮也相當齊全。

在本館&分館鑑賞日本國內外的名畫

3 賽根迪尼『阿爾卑斯的正午』

1 莫內『睡蓮』

2 艾爾·葛雷柯『聖母領報』

兒島虎次郎
『穿著和服
的比利時少女』

4

5 關根正二『信仰的悲哀』

1收藏作品之中人氣最旺的『睡蓮』系列其中一幅
2令人難以置信能在日本看到的艾爾葛雷柯代表作
3似乎可以感覺到阿爾卑斯的清新空氣
4進到本館後看到的第一幅作品
5早逝的作家在19歲時的代表作。為重要文化財

伴手禮也是藝術

美術館
商店裡
伴手禮GET

原創薩布雷餅乾
680日圓

印上莫內『睡蓮』的罐身,裡面是紅茶口味的餅乾

小相框
300日圓

有塞根迪尼『阿爾卑斯的正午』等5種

襯質地的
書衣 1050日圓

使用粗網織法「奈良蚊帳」的文庫本書衣

手帕
1050日圓

以虎次郎在有鄰莊(☞P.24)的窗櫺上設計的龍為發想

工藝・東洋館，
這裡也值得一看

使用做成磚塊形狀的栗樹鋪成工藝館的地板。走在上面會發出咚咚的聲音

設置在工藝館和東洋館之間的倉敷玻璃的彩繪坡璃

位於棟方志功室的採光窗戶。從那裡望出的景色也很吸睛

在工藝・東洋館接觸工藝品和東亞之美

濱田庄司室 はま だ しょうじ しつ 〔工藝館〕

精彩之處是使用手動胚盤的極簡造型和上釉大膽的流描技術的『青釉黑流描大皿』等，陳列著非常值得一看的作品。

『三色釉扁壺』

『青釉黑流描大皿』

河井寬次郎室 かわ い かん じ ろう しつ 〔工藝館〕

可以欣賞到透過中國和朝鮮古陶器的研究，以及意識到實用性的陶器製作，而朝向塑造自由且充滿力道的外形的寬次郎多樣化的作品。

棟方志功室 むな かた し こう しつ 〔工藝館〕

與大原總一郎有深交，收藏著志功初期到晚年的版畫約50幅。展示作品定期更換。

『一光三尊佛像』 いっ こう さん ぞん ぶつ ぞう 〔東洋館〕

製作於中國的北魏時代。中央為本尊，左右有菩薩，高2.5m的石佛像雖然作者不詳，但為重要文化財。

由芹澤銈介設計 〔工藝館〕

使用江戶時代的大原家倉庫改建而成的工藝・東洋館，從設計到內、外裝潢、展示用家具、甚至照明，都是由身為染織家，並以設計師身份廣為人知的芹澤銈介操刀。銈介的作品在芹澤銈介室裡展示。

位於工藝館的芹澤銈介室

並排著羅丹、摩爾、以及野口勇雕刻作品的分館前庭院是拍攝紀念照的景點。

尋找可愛的小店
悠遊漫步本町通、東町

古老的街區林立著特色小店的老舊街道。
沿著道路，除了代代相傳的旅館和釀酒商家等的老舖，
也座落著令人心動的可愛雜貨小店。

文藝復興樣式的中國銀行
倉敷本町分行

當地人稱為「ひやさい」
富有風情的狹窄小巷

很有人氣的町家咖啡廳
三宅商店（◨P.38）

吉井旅館（◨P.52）的
復古外燈

全日本享負盛名的
平翠軒（◨P.43）在這裡

平翠軒隔壁的
森田酒造場

石階之上是祭祀倉敷的
總氏神的阿智神社

門簾飄逸
BAISTONE美觀地區店

可愛的帽子齊全
襟立製帽所 倉敷本町店

在蟲文庫前
遇到貓咪了

如竹堂的紙膠帶
種類豐富

標誌是呂舍
擺出的小看版

路上遺留有船泊處遺址。
以前這裡曾是海

倉敷クラシカ
（◨P.51）的前面

店門口也鋪著地毯的
MUNI

位於東町的老舖和服店
はしまや

B 襟立製帽所 倉敷本町店
えりたてせいぼうしょくらしきほんまちてん

創業50年以上的製帽廠開設的概念店。使用岡山產的棉織物和三股編織等的帽子非常有特色。

☎086-422-6544 ⏶倉敷市本町11-26
🕙10:00〜17:00 🈚無休 🅿有（預約制）
🚃JR倉敷站步行15分
🗺21D-3

麻編織淑女帽
14700日圓

> 可以搭配什麼服裝呢？

D 如竹堂
にょちくどう

從大正時代經營至今的裝裱工坊。紙膠帶佔據店內大半空間，有350種以上。

☎086-422-2666
⏶倉敷市本町14-5
🕙9:00〜17:30（週三為11:00〜17:00）
🈚無休 🅿無 🚃JR倉敷站步行20分 🗺21E-2

町家設計的
倉敷町家紙膠帶525日圓

F MUNI
ムニ

研究中國宮廷地毯，並製作、販賣原創地毯。講求高雅的優質地毯營造出時尚的空間。

☎086-426-6226 ⏶倉敷市東町2-4
🕙10:00〜18:00 週二 🅿有 🚃JR倉敷站行20分 🗺21F-2

椅墊（35cm方形）
19950日圓〜

天然的藍色隨時光
加深顏色

倉敷／尋找本町通、東町的可愛小店

夢空間はしまや P.39

船倉處遺址

東町

F MUNI
TRATTORIA
はしまや P.36

襟立製帽所
倉敷本町店

高田屋 P.33

阿智神社
參道

P.51
ギャラリー十露

P.52
吉井旅館

本町通

P.38 三宅商店

桜草 P.35

つね家 P.33

平翠軒
P.43

森田酒造場

倉敷 IVY SQUARE

人原
美袜倉

中國銀行
倉敷本町分行

JR倉敷站

E 呂舎

D

如竹堂

倉敷クラシカ
P.51

Félicité P.38

そば さくら
P.50

蟲文庫

BAISTONE
美觀地區店

A BAISTONE美觀地區店
バイストンびかんちくてん

大正時代創業的布料紡織店的直營店。使用有傳統溫潤手感的帆布製成的包包和小物頗受好評。

☎086-435-3553 ⏶倉敷市本町11-33
🕙10:00〜18:00 🈚無休
🅿無 🚃JR倉敷站步行15分
🗺21D-3

車邊托特包橫款
（中）6800日圓

（左）杯墊1575日圓
（右）隔熱墊1995日圓

C 蟲文庫
むしぶんこ

利用屋齡超過100年的民宅改裝的二手書店。店內有二手書、新書和低印量出版品、CD等滿滿的陳列著。

☎086-425-8693 ⏶倉敷市本町11-20 🕙11:00左右〜19:00左右 週二、有不定休 🅿無 🚃JR倉敷站步行20分 🗺21E-2

> 身為青苔研究家的店主寫的小品文『苔とあるく』1680日圓

除了書以外也陳列著
有趣的雜貨等

E 呂舎
ろじゃ

附設的工坊製作的原創飾品一字排開。有設計華麗的戒指等，日常可佩帶的品項齊全。

☎090-5700-6652 ⏶倉敷市本町14-5
🕙11:00〜19:00 不定休 🅿無
🚃JR倉敷站步行20分 🗺21E-2

淡水珍珠的戒指（中間）2000日圓

從木町通慢慢走到東町也只要20分鐘。可以在散步同時享受購物樂趣。

在點上燈光的街區散步後
好好享用美味的晚餐

倉敷川岸的町家和倉庫在微光照耀下，
散發出與白天時完全不同的風情。
一面沈浸在這餘韻中一面享用美味的料理吧。

黑暗中亮起的倉敷館。倒映在河面上的街景燈光搖曳，十分美麗

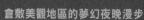

佇立在中橋邊的旅館くらしき

傍晚綻放光芒的街燈

展現夢幻姿態的大原美術館

倉敷美觀地區的夢幻夜晚漫步
美觀地區夜間景觀照明

天黑後，照耀倉敷川週邊的歷史建築和倉敷 IVY SQUARE的光之展演。由世界級的照明設計師石井幹子監製，與白天不同，在黑暗中顯現的白牆和建築有種寧靜之美。

☎086-426-3411
（倉敷市観光課）
🕐 日落～22:00（10～3月為～21:00）
MAP 20C-3

在230年歷史的町家享用鄉土料理
つね家 （つねや）

從包廂可眺望庭院的夜景

可享用瀨戶內的小魚料理等的鄉土料理餐廳。有韭黃蛋花湯和菲力牛土手鍋等的豐富單點品項。可以和獨家吟釀酒一起享用。中午有3種便當。

☎086-427-7111 ⌂倉敷市本町3-12
⏰11:00～14:00、17:00～22:00 ㉻週三 Ⓟ無 🚉JR倉敷站步行15分 MAP 20C-3

滿滿肉汁的烤雞肉串令人上癮
高田屋 （たかたや）

利用自老倉庫氣氛沈穩的店內

已開店約30年的烤雞肉串店。用炭火烤熟的雞肉以及恰到好處的胡椒鹽提味，與啤酒相當搭配。推薦有2道前菜、招牌菜色7種串烤的主廚全餐。

☎086-425-9262 ⌂倉敷市本町11-36
⏰17:00～22:00 ㉻週一（逢假日則營業，翌日休）Ⓟ無 🚉JR倉敷站步行15分 MAP 21D-3

就點這一道
韭黃蛋花湯…735日圓
菲力牛土手鍋…1575日圓
獨家的大吟釀「吟粹」
（960ml）……1840日圓

就點這一道
主廚全餐…1600日圓
（圖為主廚全餐的7種串烤，兩人份）

就點這一道
今日的鮮魚料理…1700日圓
（圖為蒸烤甘鯛裏馬鈴薯片）
紅酒（杯）………500日圓
麵包…………200日圓

就點這一道
晚間特別套餐
…………3800日圓～
（圖為晚間特別套餐的瘠牛舌）
紅酒（杯）…600日圓

有親子2代粉絲的法式料理
ル・ポトフ

氣氛放鬆的店內

活用食材的優雅風味頗受好評。晚間主餐加600日圓，即可升級成附湯、沙拉、麵包（飯）、飲料的套餐。開店以來的招牌菜色是燉牛肉（1700日圓）。

☎086-426-1866 ⌂倉敷市鶴形1-5-7 エランビル1F ⏰11:30～14:30、18:00～21:00（晚餐需在當日16時前預約）㉻週二 Ⓟ無 🚉JR倉敷站步行7分 MAP 19D-2

開店30餘年的洋食餐廳
みやけ亭 （みやけてい）

花6個小時熬煮的燉牛舌，牛舌柔軟的入口即化，與口感溫和的醬汁很搭。晚間特別套餐可選燉牛舌或牛排，並附湯、沙拉、甜點等。

☎086-421-6966 ⌂倉敷市阿知2-23-8
⏰11:30～14:00、17:30～21:30（週日、假日晚間為～21:00）㉻週一（逢假日則翌日休）Ⓟ有 🚉JR倉敷站步行10分 MAP 20B-2

有桌子、吧台座位以及包廂

點綴倉敷春季的燈光活動「倉敷春宵燈火節」在3月舉行。

豐盛的瀨戶內當季美味
倉敷特有的和風饗宴

星鰻和青鱗魚、岡山特產的韭黃等，
使用當地食材，費心烹調美味的佳餚。
在充滿和風情調的餐廳品嘗。

用12道小鉢料理品嘗當季美味　四季的散步道御膳

■1 天限量50份的四季的散步道御膳1850日圓
■2 手作的蕨餅口感酥外柔軟650日圓

旅館くらしき レストラン

りょかんくらしきレストラン

位於旅館的庭園旁，可隨性進入不需預約。菜單每3個月更新菜色的「四季的散步道御膳」等的和食。下午茶有手工的和菓子以及抹茶。

☎086-422-0730　🏠倉敷市本町4-1　🕐午餐時段11:00～14:00、午茶時段14:00～17:00　🈺週一（逢假日則營業）　🅿無　🚉JR倉敷站步行15分　MAP 20C-3

放鬆欣賞日本庭園

在江戶中期風格的建築內　品嘗旅館料理才有的美味

■1 倒入熱茶食用的名菜鯛魚茶泡飯1550日圓
■2 每月更換的午餐1600日圓

お食事処 鶴形

おしょくじどころつるがた

屋齡270年的商家改建而成的料理旅館。店內呈現放鬆的氣氛，可以品嘗用心調理的鯛魚和鰆魚、青花魚等，有著高雅口味的瀨戶內海海鮮料理。

☎086-424-1635　🏠倉敷市中央1-3-15　料理旅館鶴形內　🕐11:30～20:00　🈺週一（逢假日則翌日休）　🅿無　🚉JR倉敷站步行15分　MAP 20C-3

透過格子窗可以看到倉敷川沿岸景色

倉敷有豐富的海鮮

瀨戶內海，特別是水流較急的兒島下津井海岸，是縣內屈指可數的豐富漁場。星鰻、石狗公、沙鮻、鯛魚、鰈魚等，一年到頭都有許多魚獲。

倉敷／倉敷特有的和風饗宴

品嘗倉敷四季 鄉土的料理

1 松花堂便當只中午提供。數量限定
2 岡山的特產，韭黃的蛋花湯750日圓

反映季節的瀨戶內海鮮 製成充滿誠意的一道

1 口感鬆軟的星鰻押壽司1050日圓
2 加了紅生薑的青鱗魚壽司（850日圓）等

桜草
さくらそう

可享用使用鄉土特產的季節料理。晚上可品嘗單品料理和宴席料理（需預約）、以及寄島產的星鰻等海鮮烹調而成的多樣料理。豆皮和豆腐料理也相當豐富。午間的松花堂便當1050日圓。

☎086-426-5010
🏠倉敷市本町3-11
🕐11:30～13:30、17:00～
21:30 休週二（另有補休）Ｐ無
🚃JR倉敷站步行15分
MAP 20C-3

吧台座位後方也有日式座位

ひがし田
ひがしだ

嚴選新鮮的沒話說、形狀完整的近海海鮮。與熬煮醬油而成的沾醬一同品嘗的星鰻押壽司等料理，皆使用備前燒和倉敷玻璃器皿盛盤。

☎086-427-2248
🏠倉敷市阿知2-2-18
🕐17:00～21:30 休週一、第1、3週日 Ｐ無 🚃JR倉敷站步行3分 MAP 18C-2

配置白牆和格子窗的店內

岡山的名產青鱗魚。家常菜中烤熟後沾醬油、醋、味淋混合或醬油、醋混合調味也是熱門的吃法。

品嘗義大利＆法國料理
度過時尚又美味的時光

女性之旅時，也很推薦小小奢侈感的餐廳、
或是可以隨意品嘗美食的洋食餐館。
今天想吃義大利料理？還是法國料理呢？

> はしまや午餐
> 2000日圓
> 前菜、湯品、義大利麵3選1、
> 麵包、甜點附咖啡

將屋齡約100年的古民宅
翻修成具時髦氣氛的空間

也可欣賞
精湛的料理動作

廚師店主廚藝精湛
南義料理

■■TRATTORIA はしまや

トラットリアはしまや

曾在芦屋和神戶的著名餐廳裡磨練的店
主所經營的人氣餐廳。在融合了摩登室
內裝潢的時尚空間內，可享用以南義料
理為基調並加入日本食材的現代風義大
利菜。週末建議預約。有侍酒師證照的
店主挑選的葡萄酒品項也多。

☎086-697-5767
⌂倉敷市東町2-4
🕐11:30～13:30、18:00～21:30 🈺週二
🅿有 🚉JR倉敷站步行20分 MAP 21E-2

在東町路上
飄揚著義大利國旗

Menu		
今日午餐	…………	1500日圓
特別全餐（預約制）		
	…………	3500日圓

TRATTORIAはしまや的店主是老字號和服店的第6代。店面是將建於明治後期的古民宅保留其風情,再加以改裝的。

石狗公和綠色蔬菜的圓粗麵
1600日圓（僅晚間）
有滿滿的油菜花和蜂斗菜等當
季青菜的手打義大利麵

使用契約農家的蔬菜
品嘗滋味豐富的一品

■■ リストランテ カナーレ

賣相漂亮的料理中,使用大量每天早上進貨的當地青菜。與作州牛和當地產的星鰻等的主菜,一同妝點白盤。

☎086-426-6784 ⍟倉敷市阿知2-19-34 TYBビル1F ⏰11:30～14:00、18:00～21:00 㑀週一(逢假日則翌日休) Ⓟ無 🚉JR倉敷站步行5分 ᴹᴬᴾ20A-1

調和白色和棕色的店內,給人沉穩的印象

𝓜𝓮𝓷𝓾 捕自宇野港的星鰻柑橘醃漬風味…………1250日圓
全餐（晚間）……3800日圓～

主廚推薦午餐
（圖片僅供參考）2100日圓
季節時蔬濃湯、每月更換主菜等共7道

在傳統的米倉裡優雅
品嘗法國料理

■■ 八間蔵
はちけんぐら

改裝有250年歷史的重要文化財「大橋家住宅」米倉而成的法國料理餐廳。使用瀨戶內當季食材的料理豐富齊全。

☎086-423-2400(ホテル日航倉敷) ⍟倉敷市阿知3-21-19 ホテル日航倉敷1F ⏰11:30～14:00、17:30～21:00 㑀無休 Ⓟ有 🚉JR倉敷站步行10分 ᴹᴬᴾ20A-2

厚實的橫梁以及很有味道的內瓦片令人印象深刻

𝓜𝓮𝓷𝓾 蔵午餐（平日限定）…1575日圓
menu.de.「蔵」／晚餐
…………5250日圓

前菜拼盤
1575日圓的4間全餐之一。
烤合鴨以及白肝慕斯等約8種食物的美麗拼盤

食材組合創新的
倉敷法國料理

■■ プルミエ

義大利香醋拌毛蚶、太平洋玉筋魚做成歐姆蛋等,可品嘗倉敷食材烹調而成的法國料理。風味強烈的蔬菜也令人印象深刻。

☎086-422-3600 ⍟倉敷市中央1-5-13 ⏰11:30～14:30(售完即打烊)、17:30～21:00 㑀週三 Ⓟ有 🚉JR倉敷站步行12分 ᴹᴬᴾ20B-4

陽光照射下氣氛明亮的店內

𝓜𝓮𝓷𝓾 午餐……1575日圓 ‧2625日圓
全餐（夜間）……3360日圓 ‧4725日圓

從八間蔵的窗戶可看到重要文化財的大橋家住宅（👉P.25）。

倉敷／品嘗義大利&法國料理度過美味時光

時間的流動也緩慢起來
在舒適咖啡廳裡小憩片刻

完全融入於古老的街區中
翻修自古老町家和建築的時尚咖啡廳。
找到喜歡的小店，在裡面坐上一陣子也不錯。

融入懷舊氣氛的
町家咖啡廳
三宅商店
みやけしょうてん

將江戶時代後期作為日常雜貨鋪使用的町家建築加以利用，在保留著土間和座敷的空間內，可品嘗特製咖哩玄米飯、以及使用當季水果的季節聖代、自製蛋糕等。

☎086-426-4600
🏠倉敷市本町3-11
🕐11:30～17:30（週六為11:00～19:30、週日為8:00～、假日為11:00～）🈺無休 🅿無
🚃JR倉敷站步行15分
MAP 20C-3

1 喀啦喀啦地推開格子門，進入店內
2 在面向中庭的榻榻米房間中吹著風悠閒放鬆

當日的手作蛋糕套餐750日圓

和諧融入街景中的
小小法國風咖啡廳
Félicité
フェリシテ

裝飾著小巧店內的是店主在法國發現的古董雜貨。附點單後才下去烤的司康、天然酵母麵包和吉田牧場起司等的午餐（1000日圓）最受歡迎。

1 店內雖小但相當舒適
2 尋找白牆上有紅色小茶壺的招牌吧

☎086-423-5277
🏠倉敷市本町10-6
🕐10:30～17:00
🈺週一・二 🅿有
🚃JR倉敷站步行15分
MAP 21D-3

司康500日圓。附自製果醬以及奶油起司

1 高挑的天花板和提拉窗等相當復古
2 爬牆虎和門口紅色遮雨棚令人印象深刻

1 巨大的橫梁與5m長的桌子十分顯眼
2 重新利用大正時代作為倉庫使用的建築

1 2樓也有座位,可眺望倉庫建築的店內
2 楠戶家住宅包括米倉都是登錄文化財

若想享受
鑑賞完名畫後的餘韻
エル・グレコ

「提供給來到大原美術館的訪客好喝的咖啡」,大原孫三郎的長子總一郎提出了這個構想,在1959(昭和34)年開幕。有歷史的店內風格沈穩。

☎086-422-0297
⌂倉敷市中央1-1-11 ⏰10:00～17:00
休週一(逢假日則週三休) Ⓟ無
🚃JR倉敷站步行15分 MAP 20B-3

咖啡500日圓、起司蛋糕450日圓

望著倉敷的風景
放鬆片刻
破流知庵くらしき
ぱるちあんくらしき

位於平翠軒(📖P.43)2樓的藝廊咖啡廳。菜單雖然只有咖啡、紅茶、冰淇淋,但可在此自由享用購自平翠軒的食物。從窗戶邊的座位可眺望庭院和白牆的街景。

☎086-427-1147(平翠軒)
⌂倉敷市本町8-8 平翠軒2F
⏰10:00～16:30 休週一 Ⓟ有
🚃JR倉敷站步行15分 MAP 21D-3

咖啡(300日圓)使用平翠軒裡販賣的商品

被柔和的照明和老木材
圍繞的風雅空間
夢空間はしまや
さろんはしまや

位於1869(明治2)年創業的和服店はしまや的腹地內,改裝有120年歷史的米倉而成的咖啡廳。店內在柔和的照明下,粗大的梁柱宛如室內設計的一部份。

☎086-422-2564
⌂倉敷市東町1-20 ⏰10:00～17:00
休週二、不定休 Ⓟ有
🚃JR倉敷站步行20分 MAP 21E-2

附和菓子的抹茶500日圓

三宅商店販售的雜貨,在林源十郎商店倉敷生活造型市場的生活デザインミュージアム倉敷(P.47)也可購得。

在民藝之町，倉敷
遇見「女孩的最愛」

民藝運動的領導者柳宗悅，以及大原美術館的創辦者大原孫三郎。
因為這2人的相遇使得倉敷成為與民藝淵源密切的城鎮。
在這個城鎮孕育出的民藝品，都是女性喜歡的物品。

花蓙

倉敷是藺草的產地。將藺草的莖染色後編織成幾何圖形等花樣的花蓙，從杯墊到8張榻榻米大的墊子等種類齊全。藺草的香味相當療癒人心。

SHOP A

三宅松三郎商店的「粗條紋」的一疊蓙（8000日圓）

手織機製作的三宅松三郎商店的杯墊（各300日圓）

SHOP A

倉敷手毬

「都是使用天然的色線」

起源自熊本的肥後手毬。在倉敷民藝館的初代館長指導下培養製作者，現在有10人進行製作。柔和的觸感和可愛的外觀相當吸引人。

中間放入粗糠，並使用草木染的棉線製成的倉敷手毬（各1470日圓）

SHOP A

SHOP A

倉敷手毬的吊飾（950日圓）。有許多繽紛配色

「坐著的感覺蓬鬆柔軟，相當舒適」

倉敷椅墊

在倉敷本染手織研究所學習的人們，將棉紡的經線結合羊毛毛線編織而成的倉敷椅墊。椅墊有點厚度，坐起來觸感非常好。

有許多花樣的椅墊（各38x38cm、18900日圓）

SHOP A

商店資訊在這裡

A
倉敷民藝館
くらしきみんげいかん

設立在倉敷民藝館入口處的空間，陳列著倉敷、以及週邊地區製作的民藝品。商店可免費進入。
P.25

販賣品項	倉敷手毬　花蓙　倉敷椅墊　倉敷玻璃 倉敷堤窯　備中和紙

B
サイドテラス

面對著日本鄉土玩具館（P.50）的中庭，有著落地窗的店面。器皿等的時尚雜貨齊全。
☎086-422-8058（日本鄉土玩具館）
倉敷市中央1-4-16 日本鄉土玩具館內
🕙10:00～18:00 休無休 P無 JR倉敷站步行15分 MAP 20C-4

販賣品項	花蓙 倉敷玻璃 備中和紙 倉敷手織緞通

倉敷玻璃

杯子刻在表面的線條手感相當舒適（大2730日圓）

SHOP C

「雖然是玻璃，但很有溫度的這點很棒」

居住於倉敷的小谷真三先生設計，使用嘴吹的玻璃器皿。雖然是玻璃但卻有溫暖的質感，相當療癒人心。長子榮次郎也投入製作。

帶點綠的藍令人印象深刻的「小谷Blue」的圓瓶（6825日圓）

SHOP B

酒杯（3675日圓）亮點是紅色的杯口

SHOP B

倉敷緞通

昭和時代初期出現的毯子，將藺草捲上和紙，再使用棉線織成。由染織家芹澤銈介設計，越使用越有味道。

桌巾（23x30cm、1575日圓）

桌巾（17x18cm、945日圓）

SHOP B

備中和紙

「用和紙書寫，似乎更能傳遞心意」

倉敷民藝館的原創小信封袋（5個500日圓）

SHOP A

使用結香木皮製的便條紙（700日圓）

SHOP A

有約1200年傲人歷史的和紙。現居於倉敷的丹下哲夫先生使用褚木、結香、雁皮的樹皮為材料製紙。因為是純手工而有自然的觸感。

倉敷堤窯

經營者武內真木先生，曾在人間國寶濱田庄司底下修習，並繼承其父晴二郎建造的窯。器皿非常講究形狀和釉彩的協調。

杯子&杯碟（3675円圓）飴釉的色調十分典雅

SHOP D

泥釉陶花紋的厚實小盤（1050日圓）

SHOP D

商品攝影協助／倉敷民藝館

倉敷／在民藝之町「女子聖地」巡禮

C 愛美工房売店

あいびこうぼうばいてん

位於倉敷IVY SQUARE（☞p.25）的一角。倉敷自古以來就匯集了全日本各地、種類繁多的民藝品。

☎086-454-4061　🏠倉敷市本町7-2 倉敷IVY SQUARE內　🕘9:00～17:30　㊡無休　🅿有（需付費）　🚉JR倉敷站步行20分　MAP 21D-3

販賣品項	● 倉敷椅墊　● 倉敷玻璃　● 備中和紙

D 融民芸店

とをるみんげいてん

利用江戶時代町家。40年以來，作為製作者與使用者之間橋樑，介紹日本各地的民藝品。一年會舉辦5～6場的展示會。

☎086-424-8722　🏠倉敷市阿知2-25-48　🕘10:00～18:30　㊡週一、第2・4週二（逢假日則翌日休）　🅿有　🚉JR倉敷站步行10分　MAP 20B-1

販賣品項	● 倉敷手毯　● 花蓆　● 倉敷椅墊　● 倉敷玻璃 ● 倉敷手織緞通　● 倉敷堤窯　● 備中和紙

倉敷民藝館內的石板中庭，會不定期舉辦「民藝市場」。以合理的價格販賣年輕創作家的作品。

41

都是店主拍胸脯保證的
平翠軒的美食型錄

說到「平翠軒」嚴選，就是美味食物的代名詞。
這裡介紹在約1400種品項中，
店主森田昭一郎挑選出推薦給女性的商品。

無花果圓餅630日圓

加入義大利香醋的
無花果口味餅。最
適合搭配紅酒享用

醃製彩色番茄 980日圓

北海道產、顏色繽紛的番茄漂亮得
讓人捨不得吃。

戎春雨
242日圓

使用天日乾燥製法
的日本產冬粉，口
感爽脆

也有人因為想要這個罐子而購買

燉飯之素
850日圓～

主要材料有4種類的起司、
牛肝菌菇等的米飯、湯品組
合。只要用這包就可煮出美
味的燉飯

生榨芝麻油
998日圓

因為使用生榨工法
風味絕妙。推薦沙
拉等加入直接食用
的料理

松露巧克力1470日圓

由世界最高品質的Barbero公
司製造。香醇的牛軋糖和巧克
力的古味相當搭配

推薦與味道單純
的醬汁一同食用

榛果巧克力醬
30g 546日圓

榛果和巧克力醬搭
配出絕妙滋味。推
薦塗抹麵包享用

其他的美食

有機檸檬橄欖油
1155日圓

將有機栽培的檸檬和橄欖
一同榨油。適合搭配麵
包、沙拉等

蔬菜義大利麵
893日圓

使用少農藥的小麥粉，
揉入蔬菜的蝴蝶結形手
打義大利麵。繽紛的顏
色是一大特點

吳哥窟胡椒鹽漬
798日圓

柬埔寨產的黑胡椒
被稱為極品胡椒。
推薦加入沙拉或義
大利麵食用

岡山的美食

最推薦喜歡肉食的女性

黑毛和牛燉番茄
（2人份）1470日圓

使用岡山羊星產的黑毛和牛150g加入新鮮番茄炖煮的正統風味

岡山的人氣農產品，吉田牧場生產的起司

也有鹽味和純檸檬口味喔

拉可雷特芝士
100g 683日圓
卡門貝爾乳酪 1050日圓

拉可雷特芝士可用微波加熱至融化後食用，卡門貝爾乳酪則看個人喜好熟成度。因是限量商品，建議看到了就不要錯過

百花蜂蜜
840日圓

採收自阿智神社內樹林中的蜂蜜。可品嘗到野生風味

梅子橘醋凍689日圓

將爽口的橘醋製成凍狀。塗抹烤魚或燒肉等非常美味

釀酒場的
吟醸麴甜酒
294日圓

因加入了釀酒用的酒麴，風味和口感都相當不同

蔚豐葡萄醬
998日圓

使用岡山縣產的亞歷山人麝香葡萄製成的奢侈果醬

平翠軒

へいすいけん

在僅僅31坪的小巧店內，琳琅滿目的擺滿了店主親自從全日本製造商帶回的嚴選美味商品。參考商品旁附加的手寫說明，找找喜歡的東西吧。

☎086-427-1147
⌂倉敷市本町8-8 ⏰10:00～18:00 休週一 P有 🚃JR倉敷站步行15分 MAP 21D-3

檸檬利口酒
風之兔
1575日圓

使用瀨戶田的契約農場生產的檸檬。有溫和的香氣以及適中的甜度，非常受歡迎

Rotisserie KUMA
的擔擔麵
（2人份）956日圓

倉敷的義大利料理店開發的亞洲麵食。絕品細麵跟刺激的辣度非常搭

「釀酒廠的吟醸麴甜酒」和「風之兔」是位於平翠軒隔壁的森田酒造場本店推出的原創商品。

倉敷小點心
高CP值大飽 "口福"

受到當地人喜愛的日常小點心，價格都不高。
放入口中會驚訝於它高於售價的美味。
倉敷的小點心，就是會讓人瞬間進入幸福的氛圍。

蜂蜜蛋糕捲
（1/4條）230日圓
光是欣賞就能讓人感受到
幸福的蛋糕捲。酸甜的杏
子果醬有畫龍點睛之效。

最適合配熱乎乎
的紅茶♪

杏仁小蛋糕
150日圓
不惜成本和工時費心製作
的烘培點心。風味濃厚的
可爾必思奶油更增加了點
心的美味。

奶油麵包
150日圓（僅3～11月售）
剛出爐的香Q麵包本身就
很美味。與甜度適中的卡
仕達醬是絕配。

倉敷ねぼけ堂
くらしきねぼけどう

不大的店內，從糕點到麵包、熟
食、壽司種類齊全，是不可或缺
的存在。受到當地人愛戴60年以
上的理由就是它樸實的口味。

☎086-422-1657
🏠倉敷市阿知2-4-2 🕙10:00～18:30
🈳週日 🅿無 🚃JR倉敷站步行5分
MAP 18C-1

エル・パンドール

喜愛巧克力到無法自拔的大倉
順一郎先生所經營的蛋糕店。
有香濃的薩赫蛋糕等約25種甜
點等著你品嘗。

☎086-421-7780 🏠倉敷市鶴形
1-5-6 🕙10:00～19:30（內用為～
18:00）🈳週一 🅿有 🚃JR倉敷站步
行7分 MAP 19D-2

長型閃電泡芙 210日圓
長18cm的細長形閃電泡
芙。巧克力卡仕達醬有橘子
利口酒的清香，味道高雅。

與微苦的咖啡
一起品嘗♪

藤戶豆沙饅頭（10個）630日圓

薄薄的麵麩風味麵皮包裹著綿密的豆沙餡。小小的饅頭中凝聚著長長的歷史。

請搭配濃濃的綠茶享用♪

藤戶饅頭本舖
ふじとまんじゅうほんぽ

1184（壽永3）年創業的老店。熱賣800年以上的唯一常青商品就是藤戶饅頭。可於倉敷市內8處購得。

●天滿屋倉敷店 鄉土銘菓コーナー
☎086-426-2183 ⌂倉敷市阿知1-7-1 天滿屋倉敷店B1F ⏰10:00～19:30 ㊡無休 Ⓟ有(需付費) 🚃JR倉敷站即到 MAP18C-1

梶谷手指餅乾（126g）115日圓

灑的鹽巴比例恰到好處，口感酥脆的手指型餅乾讓人一口接一口。

惠比壽饅頭 75日圓

使用大量雞蛋的麵糊，烤成棕色的鬆軟小點心。好想在寒冷季節裡熱騰騰地一口吃下。

梶谷食品
かじたにしょくひん

餅乾和蘇打餅的製造商家。販賣60年以上的名產「梶谷手指餅乾」，在「キムラヤのパン」門市及超市等皆可購得。

●キムラヤのパン 倉敷天滿屋店
☎086-426-2189 ⌂倉敷市阿知1-7-1 天滿屋倉敷店B1F
⏰10:00～19:30
㊡無休 Ⓟ有(有料)
🚃JR倉敷站即到 MAP18C-1

最適合配木木的牛奶♪

與香氣逼人的焙茶一同品味♪

えびす饅頭
えびすまんじゅう

夏季以外都可買到有紅豆粒餡的車輪餅「惠比壽饅頭」。可以邊走邊吃的庶民小點心，受歡迎到做來不及賣的程度。

☎086-424-4458 ⌂倉敷市阿知2-16-37 ⏰9:30～17:00 ㊡週一(逢假日則翌日休)、5月中旬～9月中旬 Ⓟ無 🚃JR倉敷站步行10分 MAP20B-1

跟爽口的麥茶一起咬下♪

肉可樂餅 35日圓

當地人大推薦的便宜好吃可樂餅是馬鈴薯燉肉口味。剛炸好的可樂餅滿足了肚子和心。

肉のいろは 阿知店
にくのいろはあちみせ

商店街內大排長龍的店家就是豬肉店的炸可樂餅。是「希望每天都可以提供給大眾食用」的35日圓便宜價格。也有炸串等商品。

☎086-422-0091 ⌂倉敷市阿知2-16-41 ⏰10:00～17:30 ㊡週六・日・一 Ⓟ無 🚃JR倉敷站步行10分 MAP20B-1

キムラヤのパン除了販賣梶谷手指餅乾，「香蕉奶油捲」也是很熱門的商品。是當地人熟悉的麵包捲。

my co-Trip

俘虜少女心
前往日本首間倉敷意匠直營店

少女們關注的雜貨製造商「倉敷意匠」。
來到倉敷當地的日本首間直營店。
環視一圈後，馬上來仔細看看店內各處吧。

倉敷意匠atiburanti

くらしきいしょうアチブランチ

設計和機能都非常優越的原創商品是源自「倉敷意匠計劃室」，而工匠和作家共同製作的商品則是從「倉敷意匠分室」中誕生。作為首間直營店的 atiburanti 就位於複合設施「林源十郎商店倉敷生活造型市場」內，集結了幾乎所有的設計約2000件。

☎086-441-7710
⌂倉敷市阿知2-23-10 林源十郎商店 倉敷生活造型市場1F ⏰10:00～18:00 週一（逢假日則翌日休）Ⓟ無 🚃JR倉敷站步行10分 MAP 20B-2

復古的空間內
充滿魅力的雜貨
等候你的光臨

往2樓其他
商店的樓梯

每個月
舉辦企劃展
的空間

入口附近
陳列著有田燒
的白瓷器

KIYATA的木製動
物陳列處

在atiburanti內
發現的"生物"們

KIYATA的
木頭的馬來貘

木雕的馬來貘名片架。可用嘴巴夾住
5880日圓

Kitano Mariko的
黃銅的瓢蟲

獨特粗糙質地的別針。把自然不造作的裝飾當做亮點
2940日圓

加護園的
玻璃中的燕子

玻璃的項鍊墜飾中，飛舞著金箔繪製的燕子16800日圓

結城伸子的
變身成針插的海膽

把好像王冠一樣的海膽殼變成針插。大自然孕育出的模樣非常漂亮。
3780日圓～

從屋頂的陽台眺望出的街景

在倉敷美觀地區內開店

在店內深處舉辦的體驗型講座也令人期待

卡片等紙製品就在陳舊鐵架上

KitanoMariko的飛鳥造型胸針就在這裡

紙膠帶的種類豐富

安部太一的
陶土蛋
可當作紙鎮和裝飾品。有著看不膩的微妙色澤
2100日圓

NishioYuki的
陶土貓咪
作品名稱是貓咪圍巾。看著溫馨的貓咪和人像，心也暖了起來

吉浦亮子的
紙蝴蝶
隨風飄逸的鳳蝶圖案紙風鈴。光影照射下運投影都很夢幻
1890日圓

倉敷意匠atiburanti 就位在這裡

林源十郎商店 倉敷生活造型市場
はやしげんじゅうろうしょうてんくらしきせいかつデザインマーケット

將建於昭和初期的製藥公司改裝為複合設施建築。木造洋房的本館以及倉庫內有雜貨店和咖啡廳等8個商店。

☎086-423-6010（暮らしき編集部）⌂倉敷市阿知2-23-10 ⏰視店鋪而異 ㊡週一（逢假日則翌日休）ⓟ無 🚃JR倉敷站步行10分 ⓂⒶⓅ20B-2

HEART MADE BASE（丹寧布製品）

inBlue（丹寧布西裝）

倉庫　分館

主屋

本館

pizzeria CONO foresta（披薩）
achimachi（義大利料理）

- 1F 倉敷意匠 atiburanti（雜貨）
- IF Cafe gewa（咖啡）
- 2F 林源十郎商店記念室（資料館）
- 2F 生活デザインミュージアム倉敷（美術館・雜貨・咖啡廳）

生活デザインミュージアム倉敷
せいかつデザインミュージアムくらしき

介紹北歐設計商品的美術館，由陳列著北歐和倉敷的生活雜貨的商店、咖啡廳所構成。

☎086-423-6080 ⏰10:00～18:00 ㊡週一（逢假日則翌日休）

陳列倉敷製的雜貨

pizzeria CONO foresta
ピッツェリアコノフォレスタ

使用柴燒窯的正統拿坡里披薩餐廳。白天有午間特餐，晚上則可品嘗15種以上的披薩及單品料理。

☎086-423-6021 ⏰11:30～14:30、17:30～21:00（週六・日、假日為11:30～21:00）㊡週一（逢假日則翌日休）

CONO LUNCH 1200日圓

Cafe gewa
カフェゲバ

立飲式的咖啡廳。可品嘗使用自家烘焙咖啡豆的法蘭絨濾泡式美味咖啡。

☎086-441-7890 ⏰8:00～18:00 ㊡週一（逢假日則翌日休）

調合咖啡300日圓

在屋頂的陽台還可品嘗古早味的蒸麵包「倉敷勞饅（紅豆餡150日圓）」喔。

倉敷／前往日本首間倉敷意匠直營店

my co-Trip

令人心跳加速的
骨董雜貨鋪 in 兒島

以牛仔褲的故鄉而廣為人知的倉敷市兒島地區。
這裡也有全國Brocante（骨董）迷甘拜下風的店家。
似乎可以期待，在這裡發現令人心動、很有味道的老東西。

JR倉敷站 → JR岡山站 → JR兒島站

從JR倉敷站搭乘山陽本線前往JR岡山站。轉乘瀨戶大橋線前往JR兒島站。需時約40分

店裡擺滿了與手工、農家、軍事、海洋道4個類別相關的收藏品。

遇見絕無僅有的物品。看對眼了就帶回家吧

把帽子戴在布娃雕刻風格的作品上。真有地有趣

有嚴選的以及改造的以及原創的商品。
骨董雜貨店的進化版

Womb brocante
ウームブロカント

原本為銀行的80年建築有著古典的氣氛。推開厚重的門，嚴選自當地的骨董商品擺滿店內。也創造了以自由的構想設計改造骨董品、或製作原創商品的品牌「testis」，創造出新形態的骨董雜貨鋪。

☎086-474-0685
🏠倉敷市兒島味野1-10-19 ⏰12:00～19:00
❌週三 🅿無 🚶JR兒島站步行15分 MAP49

心跳不已 ✨

素材是纖維強化塑膠。有老東西的質感

testis的原創時鐘（M）
12800日圓

擺上多肉植物應該很可愛

鋁製杯子
各380日圓

充滿了長久使用的味道

木製鞋撐
3800日圓

物品的使用方式可自由變化

將襯衫掛在農具的圓網上

地圖標示：
- 岡山站 P.49 高城染工 shop RIVER
- 牛仔褲博物館
- 兒島中
- 兒島下の町
- 兒島市
- P.48 Womb brocante
- 野崎家舊宅
- 小川隧道
- 御菓子司 おふく P.49
- 兒島站周邊
- 週邊圖 附錄①
- 上方為北方
- 1:40,000
- 400m

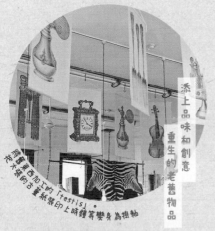

添上品味和創意
重生的老舊物品

張貼在庫西加工的「testis」。有木紋的包裝紙張印上時鐘等變身為掛軸

據說是把木工工具製成椅子腳

testis的改造凳子 19800日圓

對這張椅子情有獨鍾。試坐一下想想適不適合家中風格

✦ 也對藍色和草莓大福動心了 ✦

令人想要一直穿著的藍色質感
高城染工 shop RIVER
たかしろせんこうショップ ノ リバー

附設在創業80餘年的染色工廠內。染成藍色和靛藍色的深藍色衣服，穿上後會被它舒服的質地吸引。材質是岡山縣產的棉紗和粗棉布等。

試穿了藍染的洋裝（27300日圓）

也有從染棉線開始製作的原創材質襯衫等

埋著藍染缸的工廠。在這裡小心地染製每一件衣服

☎086-472-3105 ⌂倉敷市兒島下の町7-2-6
🕐13:00～17:00 ㊡不定休（前往時需洽詢）
Ⓟ有 ♦下之町鴻八幡宮前巴士站步行3分 MAP 49

主角是多汁草莓的絕品大福
御菓子司おふく
おんかしつかさおふく

這間店的招牌就是入口即化的草莓大福（160日圓）。多汁又微酸的草莓包裹在柔軟的麻糬以及爽口的白豆沙裡。

只採用日本草莓的草莓大福。於11月上旬到6月中旬販售

包裝是可愛的草莓圖案

70年來受到當地人喜愛的和菓子店

☎086-472-2726 ⌂倉敷市兒島味野2-2-77
🕐9:00～17:00 ㊡週一
Ⓟ無 🚃JR兒島站步行15分 MAP 49

還有許多
倉敷的順路景點

在倉敷還有很多值得一去的
觀光景點、藝廊、美味的店家等。
也去看看適合作為伴手禮的名點和特產酒吧。

日本鄉土玩具館

にほんきょうどがんぐかん

☎086-422-8058
🏠倉敷市中央1-4-16
🕐9:00～17:00(商店為～18:30)
🈳無休 💴門票400日圓 🅿無
🚉JR倉敷站步行15分 🗺20C-4

集結了全日本的懷舊玩具

收集了日本各地從江戶時代到現在的鄉土玩具。腹地內的商店、藝廊、咖啡廳可免費入場。

竹波
たけなみ

☎086-427-3881
🏠倉敷市鶴形1-2-2
🕐18:00～24:00 🈳週一 🅿無
🚉JR倉敷站步行7分 🗺18C-1

品嘗名菜箱壽司和美味的酒

在簡樸的空間裡享用的料理，使用當季食材並有著高雅的口味。名產是星鰻箱壽司（1000日圓）、馬鈴薯饅頭（600日圓）等。

鎌田屋

かまだや

☎086-422-2683
🏠倉敷市本町6-15 🕐11:00～14:45 🈳週一(逢假日則翌日休) 🅿有 🚉JR倉敷站步行20分
🗺20C-4

發現豆腐的新滋味

可品嘗細心製作的豆腐料理。有信田卷、炸豆腐、涼拌豆渣等9道菜色的鎌田屋定食（1890日圓）頗受好評。

鶴形山公園

つるがたやまこうえん

☎086-426-3495(倉敷市公園綠地課)
🏠倉敷市本町
🕐自由入園 🅿無
🚉JR倉敷站步行15分
🗺21D-1

山頂佇立著阿智神社

鶴形山為標高35m的小山丘。在山頂供奉倉敷總氏神，阿智神社的週邊觀光步道完備，是著名的賞櫻、杜鵑花、紫藤花的景點。

レストラン亀遊亭

レストランきゆうてい

☎086-422-5140
🏠倉敷市中央1-2-20 🕐11:00～20:30
🈳週一(逢假日則翌日休) 🚉JR倉敷站步行15分
🅿無 🗺20B-2

還維持著明治時期外觀的建築

在大原美術館附近，倉敷國際酒店直營的洋食餐廳。可品嘗岡山美星產的豬里肌排套餐（1500日圓）等。

そば さくら

☎086-421-5888
🏠倉敷市本町10-6 🕐11:00～15:30(17:00～為預約制1天1組) 🈳週一(逢假日則翌日休) 🅿有 🚉JR倉敷站步行15分 🗺21E-3

在町家風格的店內品嘗手打蕎麥

天麩羅竹籠蕎麥麵（1580日圓）等使用石臼磨的蕎麥粉，有獨特的口感和香氣。也可使用有受精卵的玉子燒，搭配全國各地的日本酒來享用。

居食家 壽hisa

いしょくやひさ

☎086-421-1498
🏠倉敷市阿知2-14-3 🕐11:30～13:30、17:00～22:00(週一只晚上營業) 🈳週日、假日的週一
🅿無 🚉JR倉敷站步行7分 🗺19D-2

可品嘗創意和食的居酒屋

曾在割烹店學習的老闆製作的嫩豆腐（500日圓）等，菜單種類多樣。也提供全日本的特產酒和燒酎。

江戸切りそば石泉
えどきりそばせきせん

☎086-434-3733
🏠倉敷市中央1-8-9 🕐11:30～14:30、17:00～19:30(售完即打烊、週二～五的晚間採預約制)
🈳週一(逢假日則翌日休) 🅿有
🚉JR倉敷站步行15分 🗺20B-4

可以原味品嘗蕎麥麵風味

使用石臼磨的蕎麥粉，並加入江戶的打蕎麥麵手法的蕎麥麵店。熱門菜單為「天使蝦」和使用當季蔬菜的辣味天麩羅蕎麥麵（1680日圓）。

ラ・チェネッタ

☎086-434-3069
🏠倉敷市船倉町1700 🕐12:00～14:30、17:00～21:00(週六日、假日為12:00～21:00)
🈳週一(逢假日則翌日休) 🅿有
🚉JR倉敷站步行20分 🗺21D-4

正統口味的窯烤披薩

曾在北義大利學習過的老闆經營的道地披薩店。使用義大利產的小麥粉烤出的餅皮又香又脆，還有些微的嚼勁。

橘香堂 美観地区店
きっこうどうびかんちくてん

☎086-424-5725
⌂倉敷市阿知2-22-13
🕘9:00~18:00(咖啡廳為~17:30) 休無休 P無
🚉JR倉敷站步行10分 MAP 20B-2

也可體驗製作名點「むらすゞめ」

位於倉敷美觀地區的和菓子店。倉敷代表的菓子「むらすゞめ」(8個裝、1092日圓)，是使用可麗餅風的餅皮包裹紅豆餡的點心。

ギャラリー十露
ギャラリーじゅうろう

☎086-423-2577
⌂倉敷市本町3-9-1
🕘10:00~18:00 休無休 P無
🚉JR倉敷站步行15分 MAP 20C-3

展示著豐富的藝術家的作品

傳統的店內橫跨天花板的粗大橫梁令人印象深刻，陳列著草木染的布、麻料製成的壁毯、藺草籃、飾品等商品。

伊勢屋
いせや

☎086-426-1383
⌂倉敷市本町4-5
🕘9:00~18:00 休週一(逢假日則翌日休) P無
🚉JR倉敷站步行15分 MAP 20C-3

被可愛的木製玩具圍繞

主要販賣質感溫暖的木製玩具(315日圓~)。陳列著居住於倉敷的積木作家，小黑三郎的作品以及歐洲玩具。

おざきや

☎086-434-8808
⌂倉敷市本町5-29
🕘9:00~18:00 休無休 P無
🚉JR倉敷站步行15分 MAP 20C-4

Q彈的手工烤竹輪

位於倉敷美觀地區，可在店頭品嘗烤竹輪和魚糕。想配著特產啤酒一起品嘗鯛魚竹輪(250日圓)。

土手森
どてもり

☎086-423-1221
⌂倉敷市本町5-31
🕘9:00~18:00 休無休 P無
🚉JR倉敷站步行15分 MAP 20C-4

裝在手工玻璃瓶內的特產酒

使用江戶中期建築的倉敷和岡山特產酒的專賣店。從當地釀酒廠推貨的獨家酒款等種類豐富。也可試喝。

倉敷クラシカ
くらしきクラシカ

☎086-424-3559
⌂倉敷市本町14-2 🕘11:00~17:00
休週二(逢假日則翌日休)
🚉JR倉敷站步行20分 MAP 21E-2

可以感受昔日的倉敷

販賣昭和40年代的倉敷風景照片和蒸汽火車照片的明信片。也有手作的捏佛像、妖怪等擺飾以及雜貨。

くらしき美味処 花織本店
くらしきびみどころはなおりほんてん

☎086-423-0511
⌂倉敷市中央1-1-7
🕘9:00~18:00 休無休 P無
🚉JR倉敷站步行10分 MAP 20B-2

包裝也很可愛的倉敷伴手禮

販賣16種的吉備糰子、手繪標籤的酒和醬油、當地產的水果製成的果醬及紅茶等原創商品種類眾多。

クラフト&ギャラリー幹
クラフトアンドギャラリーみき

☎086-422-7406
⌂倉敷市中央1-6-8
🕘10:00~18:00 休週一(逢假日則營業)
P無 🚉JR倉敷站步行15分 MAP 20B-3

販賣世界各國的手工藝品

統一為水泥建築的外觀。1樓為販賣著自世界各國的進口雜貨的商店，2樓則是舉辦個人展覽的藝廊。

工房IKUKO
こうぼうイクコ

☎086-427-0067
⌂倉敷市中央1-12-9 🕘10:00~18:00
休週一(逢假日則營業) P有
🚉JR倉敷站步行20分 MAP 19D-4

販賣講究的生活小物

服飾品牌IKUKO的藝廊商店。十分重視季節感的器皿和小物等全日本的人氣作家的作品。也會舉辦企劃展覽。

好想住一晚看看
倉敷美觀地區的推薦旅館

難得來到白牆的街區，相當推薦住上一晚，
體會滿滿的倉敷風情。
這裡介紹庭園和料理都相當出色的放鬆旅館。

老鋪旅館才有的周到服務最吸引人

吉井旅館
よしいりょかん

使用約有270年歷史的江戶時代後期民房，別有懷舊風情的老鋪旅館。有可欣賞中庭的客房和昔日的茶室等8種客房，每一間都有不同的擺設。料理是使用當地食材的懷石料理。

☎086-422-0118
🏠倉敷市本町1-29
🕐IN15:00 OUT10:00
🛏️和8 ¥附2食25200日圓～
🅿有 🚃JR倉敷站步行15分
MAP 21D-3

Check

①浴池可以包租方式利用
②也可以純用餐（預約制）
③精心設計的天花板和屏風等等

1 中庭景色優美的「つつじの間」
2 曾是茶室的「かえでの間」
3 料理使用土魠魚等的鄉土名產
4 佇立在鶴形山腳下
5 除了檜木浴池之外也有石砌浴池

細細品味倉敷的風情旅館
旅館 くらしき
りょかんくらしき

使用江戶後期因批發砂糖而致富的舊家主屋以及倉庫改裝的旅館。客房有改裝自米倉的「東の間」、利用工具倉庫的「蔵の間」、以及可以體會獨棟氣氛的「奧座敷」等5間。

☎086-422-0730
🏠倉敷市本町4-1
🕐IN15:00 OUT11:00 客室和洋5
💴附2食32200日圓～ P有 🚉JR倉敷站步行15分 MAP 20C-3

Check
①由全和室和兩間西式客房構成
②晚餐是可以品嘗到當季瀨戶內食材的懷石料理
③也可只利用餐廳（⚲p.34）

❶倉敷格子窗等的傳統建築樣式很美 ❷某日的晚餐。擺盤很美的生魚片（圖為3人份） ❸改裝米倉而成2樓，據說獲得棟方志功和司馬遼太郎喜愛的「巽の間」 ❹餐廳和陽台都面向中庭

枯山水的庭園及料理為賣點的料理旅館
くらしきの宿 東町
くらしきのやどひがしまち

改裝自明治初期創業的和服批發商店鋪以及別墅的建築，還保留著當時的濃濃風情。廣闊的腹地約有一半是枯山水庭園，可以在特別室一面眺望庭院一面慢慢品嘗宴席料理。

☎086-424-1111
🏠倉敷市東町2-7 🕐IN16:00 OUT10:00
休第2週二 客室和10
💴附2食14700日圓～ P有 🚉JR倉敷站步行20分 MAP 21E-2

Check
①提供和服・浴衣租借、穿著服務（預約制）
②可出借燈籠
③也可只利用餐廳

❶佇立在倉敷美觀地區的舊街道上 ❷穿著和服漫步在倉敷街道上也很棒 ❸一般客房可加1000日圓在客房用餐 ❹附設的和風餐廳非住宿客也可利用

吉井旅館、旅館 くらしき、くらしきの宿　東町，都提供於客房單純用餐的服務（預約制）

還有許多，
根據性質選擇倉敷的旅館吧

有富有傳統和高級感的旅館和飯店、
可以輕鬆入住的商務飯店等，倉敷有許多性質的住宿設施。

※住宿費用雖本上為淡季的平日，並以客房最多的房型計算2人1間的1人份費用。飯店為1間房的費用。

明治時代作為料亭創業

盡情品嘗瀨戶內
的當季美味

旅館御園
りょかんみその

可以品嘗到使用瀨戶內當季特
產，調理成高雅京都風味宴席
的料理旅館。鄉土料理「鯛魚
素麵宴席」頗受歡迎。

☎086-422-3618 🏠倉敷市老松町
3-4-1 🕐IN15:00 OUT10:00 客室
和22 ¥附2食12800日圓 P有
🚉JR倉敷站步行8分 MAP18B-3

① 可以單純用餐或單純住宿
② 有提供晚退房專案

倉敷川流經前方

利用倉敷地區最古老老商
家的純和風旅館

料理旅館 鶴形
りょうりりょかんつるがた

建在倉敷川畔，非常有歷史
的旅館。江戶中期的商家建
築風格，歷史氣氛濃厚。

☎086-424-1635 🏠倉敷市中央1-3-15
🕐IN15:00 OUT10:00 客室和11
¥附2食14800日圓～ P有(需預約)
🚉JR倉敷站步行15分 MAP20C-3

① 晚餐是使用瀨戶內海鮮的宴席
② 可以只利用餐廳
③ 庭園佇立著400餘年的老松樹

寬敞又舒適的客房

歐式風格的
摩登飯店

ホテル日航倉敷
ホテルにっこうくらしき

有砌石的外觀、挑高到頂層
的大廳等，建築樣式現代而
豪華。客房皆是豪華套房，
附大理石浴室。

※2014年10月起更名為
「倉敷ロイヤルアートホール」

☎086-423-2400 🏠倉敷市阿知
3-21-19 🕐IN15:00 OUT12:00
客室T34、W19、和7、其他10
¥T 30000日圓、W 35000日圓 P有(需付費)
🚉JR倉敷站步行10分 MAP20A-2

① 客房大小皆有40㎡以上
② 有利用重要文化財的米倉改裝
　的餐廳「八間藏」（☞p.37）

可以欣賞藝術作品的
高級飯店

倉敷國際酒店
くらしきこくさいホテル

建造作為「倉敷的迎賓
館」的高格調飯店。館內
裝飾著棟方志功和兒島虎
次郎等人的作品。

掛著棟方志功的版畫「大世界の柵『坤』」的大廳！

☎086-422-5141
🏠倉敷市中央1-1-44
🕐IN14:00 OUT11:00
客室S18、T81、W2、其他5
¥S11880日圓、T19008日圓～、
W16170日圓～ P有
🚉JR倉敷站步行8分 MAP20B-3

① 在大原美術館旁
② 從東邊的高樓客房可眺望
　倉敷美觀地區

倉敷IVY SQUARE
くらしきアイビースクエア
HP C

倉敷美觀地區週邊

☎086-422-0011
🕐IN14:00 OUT11:00
🛏S11、T132、其他18 ¥S7875日圓～、
T 13125日圓～、W18900日圓～ P有
🚃JR倉敷站步行15分 MAP 21D-4

POINT改建自位於寬廣腹地上的明治時代
的紡織工廠建築，是纏繞著爬牆虎的紅磚
牆和覆蓋著日式屋瓦的日西合璧建築樣
式。

あぶと倉敷館
あぶとくらしきかん
HP

倉敷美觀地區週邊

☎086-434-8038
🕐IN15:30 OUT10:00
🛏室6 ¥15750日圓～ P有
🚃JR倉敷站步行15分
MAP 20C-4

POINT近倉敷美觀地區，便於觀光的旅
館。料理使用直接從專屬契約漁夫處進貨
的瀨戶內活海鮮。因是現撈現煮，所以可
品嚐到新鮮的風味。

天然温泉 阿智の湯ドーミーイン倉敷
てんねんおんせんあちのゆのドーミーインくらしき
HP C 煙 ♨

倉敷美觀地區週邊

☎086-426-5489
🕐IN15:00 OUT11:00
🛏室S100、T68 ¥S6000日圓～、T9000
日圓～、W8000日圓～ P有(需付費)
🚃JR倉敷站步行8分 MAP 20A-2

POINT從倉敷美觀地區步行即到。三井暢
貨園區倉敷也在步行可至範圍內，地理位
置便利。頂樓有附男女露天浴池的温泉設
施。種類豐富的日、西式自助早餐很受歡
迎。

倉敷駅前ユニバーサルホテル
くらしきえきまえユニバーサルホテル
HP C 新 煙

倉敷美觀地區週邊

☎086-434-0111
🕐IN16:00 OUT10:00 室S138、T21、W20
🛏S4990日圓～、T8900日圓～、W7800日圓～
P有(需付費) 🚃JR式倉敷站步行7分
MAP 20A-3

POINT日、西式自助早餐以及每日更換的
晚餐除了特定日子之外，皆免費提供(附
沙拉吧和飲料吧)。館內也有温泉和桑拿
(免費利用)。

APA飯店〈倉敷車站前〉
アパホテルくらしきえきまえ
HP C 新 煙

倉敷站週邊

☎086-426-1111
🕐IN15:00 OUT11:00
🛏S134、T56、W23 ¥S7000日圓～、T14000
日圓～、W8000日圓～ P有(需付費)
🚃JR倉敷站即到 MAP 18B-2

POINT鄰近JR倉敷站，位在倉敷City
Plaza西大樓的9樓到12樓的飯店，可利
用作為觀光據點。

Kurashiki Station Hotel
くらしきステーションホテル
HP C 煙

倉敷站週邊

☎086-425-2525
🕐IN15:00 OUT10:00
🛏室S72、T22、W12、其他5 ¥S5300日圓～、
T11000日圓～、W9200日圓～ P有(需付費)
🚃JR倉敷站步行3分 MAP 18C-2

POINT魅力是最適合出差和觀光的合理費
用以及便利的地理位置。日式早餐頗受好
評，也有可享受瀨戶內海鮮料理的直營餐
廳。

東橫INN 倉敷站南口
とうよこインくらしきえきみなみぐち
HP C 煙

倉敷站週邊

☎086-430-1045
🕐IN16:00 OUT10:00
🛏室S137、W17 ¥S4980日圓～、W6300日圓～
P有(需付費)
🚃JR倉敷站步行5分 MAP 18C-2

POINT除了有免費區域網路和Wi-Fi之外，
還有提供一枚硬幣(500日圓)就可任意
觀看的隨選視訊。早餐免費提供飯糰、味
噌湯、麵包、咖啡等。

Hotel Sunplaza Kurashiki
ホテルサンプラザくらしき
HP C 煙

倉敷站週邊

☎0120-24-7878(予約專用)
🕐IN16:00 OUT10:00
🛏室S31、T12、W10、其他11
¥S4600日圓～、T8400日圓～、W8000日圓～
P有 🚃JR倉敷站即到 MAP 18B-2

POINT距倉敷三井暢貨園區步行2分。3房
2廳的和室房型，最多可住6名。像住自
家的感覺，最適合家族或團體旅行。

🈱 旅館　H 飯店　民 民宿　🈯 公共旅店　⌂ 歐風民宿
HP 有官方網站　C 可使用信用卡　新 2010年新開幕或重新裝潢　♨ 有露天浴池
㎡ 單人房為20m²以上　↓ 正常的退房時間為11點以後　✿ 提供專為女性的服務

S：單人房、T：雙床房、W：雙人房（T包含豪華雙床房、W包含加大單人床等）

※隨消費稅調整，各種費用皆可能有變動。欲利用請事先洽詢各設施。

倒映在搖晃水面的白牆倉庫，

別具風情的小巷弄等等，

突然之間映入眼簾的風景

是如此令人印象深刻。

在倉敷市區內

四處都有

觸動旅人情懷的景色。

尾道

因東西狹長的地形而被稱為「山尾之道」
就是這裡名稱的由來。
出現在電影以及小說中並深受文人雅士喜愛的
誘發思鄉之情的街區和坡道，
倖免於戰爭災禍，
還保留著昔日的模樣。
漫步於市區，未經粉飾的尾道就在這裡。
心也因為當地人的親切而溫暖了起來。

在令人氣喘吁吁的坡道前方是什麼等著我們呢？
轉進某個巷弄裡，又有什麼有趣的店家呢。
一看到海就忍不住出神眺望。
在尾道就是有這麼多令人雀悅的驚喜。
來到這裡就隨著腳步迷失在小路中吧。
走走，再停停，然後再度邁開步伐。
一面感受著不知不覺便融入周圍懷舊景致的自己。

大略地介紹一下尾道

沿著尾道海峽，東西向綿延的尾道
是個保留眾多石坂坡道和建於江戶時代的寺院的城鎮。
也推薦散發江戶風情的鞆之浦，以及風光明媚的島波海道諸島。

旅程由尾道站出發

太早起而有點餓
☞ **簡單的早餐和午餐**

JR尾道站前和週邊有幾間咖啡廳、輕食店、拉麵店等。面向尾道港的尾道Water Front大樓的2樓也有咖啡廳、餐廳。

先去一趟
☞ **觀光服務處取得觀光資訊**

JR尾道站內有觀光服務處，可以取得尾道和島波海道的觀光手冊。另外在千光寺山空中纜車山麓站，也設有觀光服務處。

放下沉重行李輕鬆觀光
☞ **利用投幣式寄物櫃**

一出JR尾道站南口的右手邊就有投幣式寄物櫃。有3種大小，費用為300日圓、400日圓、600日圓。

伴手禮哪裡買？
☞ **尾道本通商店街等**

在尾道本通商店街以及JR尾道站前有數間伴手禮店。販賣尾道的特產品以及島波海道沿途的伴手禮。

詢問處
● 尾道站觀光服務處 ☎0848-20-0005
● 尾道觀光協會 ☎0848-37-9736

稍微
走遠一些

從江戶時代保留至今的街景非常迷人

鞆之浦
とものうら 🗺 P.94

古時曾作為船隻往來頻繁的候潮港而繁榮一時的城鎮。風情萬種的街道上至今仍保留著老商家、名勝和遺跡等昔日的風貌。

前往10座橋連接起的島嶼群

島波海道
しまなみかいどう 🗺 P.96

由島波海道連結瀨戶內海中的6座島嶼。發現喜歡的島嶼就下橋去，享受環島的樂趣吧。

P.64 尾島市區

P.88 なかた美術館

Ⓡレストラン 尾道 レスポワール・ドゥ・カフェ P.84
Ⓗ尾道國際飯店 P.93

時尚的餐飲店
聚集的區域

海岸通
かいがんどおり 🗺 P.84

面向尾道海面的海岸通，林立著人氣咖啡廳、餐廳、和甜點店。在長椅上吃著冰淇淋休息一下也不錯呢。

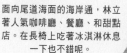

坡道之城尾道的代表性觀光景點
千光寺周邊
せんこうじしゅうへん

P.66·68

橫跨千光寺山的山頂到山腰的千光寺，有文學小路、與尾道相關的文豪故居等的許多景點。散步走累了，就在坡道上的咖啡廳小憩片刻吧。

信步閒晃 尋訪古寺
古寺巡禮
こじめぐり

P.70

舊市區街道的山腰和坡道上座落著25間寺廟。大部份的寺廟和神社，都位在西邊的持光寺到東邊的海龍寺之間的古寺巡禮路線上。

復古又具個性的商店大集合
商店街·巷弄間
しょうてんがい·ろじうら

P.74·76

古老的商店街中，參雜著復古小店和充滿個性的商店。在與商店街交會的多條巷子裡，一面尋找隱祕小店一面散步也很有樂趣。

商店街或加油站等，在市內各處都看得到「街角觀光服務處」。在這裡也可取得觀光地圖。

抵達尾道後的移動方法是？
巡遊斜坡之城

尾道市區在JR山陽本線南側的地勢平坦，北側則是一大片斜坡。
從景點眾多的尾道站到以東約2km的淨土寺，皆在步行可到範圍。
移動方式以步行為主，不過根據目的地搭乘巴士或租借自行車都很方便。

開始尾道之旅

JR山陽本線的尾道站是相當方便的觀光據點。站前的巴士總站有路線巴士和「尾道好きっぷライン」等停靠。在車站內的觀光服務處等地取得觀光情報後，終於可以開始遊逛尾道。前往主要觀光景點的千光寺公園時可搭乘計程車或千光寺山口空中纜車。往距山麓站相當近的長江口巴士站，搭乘「尾道好きっぷライン」約3分。

位於JR尾道站附近的林芙美子像

用步行遊逛的話

主要的觀光景點都集中在從尾道站到往東約2km的淨土寺之間。往海邊則是由站前商店街徒步行往東，在中國銀行路口右轉往南，抵達海岸通往西前進回到站前，是共約3km的路程。往山邊則有連接25座寺社約2km的古寺巡禮路線，從站旁的持光寺開始延申至東邊的海龍寺。想到千光寺山散步的話，可搭乘空中纜車前往山頂站，循著文學小路等路徑前往山麓。

文學小路

使用租借自行車遊逛的話

尾道是斜坡之城。靠山處斜坡路段較多因此不建議騎自行車。靠海處的街道平緩，縱橫延伸，可輕鬆騎乘。

●尾道レンタサイクル事業本部
☎0848-36-5031
🕐9:00～17:00（受理預約）

尾道好きっぷライン

從尾道站前出發，停靠各市內觀光景點附近的假日限定循環路線巴士。繞行尾道站前到長江口、淨土寺下、市役所前等，一趟約25分。可自由上下車的一日乘車券，也附帶空中纜車以及市立美術館等觀光設施的折價券，十分划算。乘車券除了在車內販賣，在新尾道站觀光服務處、尾道站觀光服務處、尾道站前巴士中心、空中纜車1樓的觀光服務處等販賣。

繞行市區的復古巴士

☎0848-46-4301（尾道巴士）
🕐JR尾道站前發車9:30～16:30之間每30分行駛（除了12:30、13:00）※只行駛週六・日、假日（12月31日、1月1日停駛）🎫1次140日圓～、搭車一周190日圓、一日乘車券500日圓

千光寺山空中纜車

連結海拔144.2m的千光寺山山頂以及山麓（長江口）之間的空中纜車。需約3分。可享受尾道市區景色和瀨戶內的多島美景。

☎0848-22-4900
（千光寺山空中纜車）
⏰9:00～17:15每隔15分行駛 休
無休 單程280日圓、來回440日圓 MAP 65D-3

眼前是層闊的尾道街景

租車遊逛的話

市區中心道路較窄，也有許多設施停車場較小，需留意。想盡情兜風的話推薦島波海道。可欣賞由島和橋交織而成的美景。

新尾道站週邊
TOYOTA租車廣島新尾道站前店⋯⋯⋯⋯⋯⋯☎0848-22-6600
Times Car租車新尾道站前店⋯⋯⋯⋯⋯⋯⋯☎0848-22-7080

東尾道站週邊
Times Car租車尾道山波店⋯⋯⋯⋯⋯⋯⋯⋯☎0848-46-1080

稍微走遠一些

● 前往島波海道

使用租車移動是最便利的方式。不過因島、生口島、大島的各IC都有僅限單方通行的單向交流道，需特別留意。除了新尾道大橋之外，其餘的橋都提供自行車通行（需付費），因此也很推薦騎車前往。設置有15個自行車租借總站，可任意在各站還車。

【自行車租借總站】
瀨戶田町觀光服務處（生口島）⋯⋯⋯⋯⋯⋯☎0845-27-0051
尾道市瀨戶田落日海灘（生口島）⋯⋯⋯⋯⋯☎0845-27-1100
多多羅資訊中心（大三島）⋯⋯⋯⋯⋯⋯⋯⋯☎0897-87-3855
道の駅鳥波站御島（大三島）⋯⋯⋯⋯⋯⋯⋯☎0897-82-0002

● 前往鞆之浦

🚢 尾道～鞆之浦航線

連接尾道和鞆之浦間約50分的乘船之旅。在尾道有站前棧橋和千光寺山空中纜車乘車處下棧橋這2處可搭乘。只行駛3月中旬到11月中旬的週六‧日、假日。運費為1500日圓。

☎0865-62-2856
（瀨戶內クルージング）

🚌 路線巴士

從倉敷方面前往鞆之浦的話，利用JR福山站轉乘路線巴士最方便。鞆鐵道往鞆港方向約需30分。到鞆之浦車資510日圓，到鞆港530日圓。

☎084-952-3700
（鞆鐵道（株）業務課）

從尾道到島波海道的生口島（瀨戶田），也可搭乘巴士或高速船前往。

さくら橋　栗原西(2)　●新尾道站

さくら橋東詰

千光寺ドライブウェイ

184

妙見橋東詰

●弘田内科

妙見

●堂ヶ迫入口

●栗原本通り

栗原東(1)

●いきいきサロン栗原

典礼会館

海技学院●　●海技学院前

尾道市

長江(1)

グラウンド前

●栗原1

WC

かおり館●

WC●　●千光寺公園

八畳岩

千光寺公園
展望台 P.67

P.66 中村憲吉故居
(尾道文學之館)

P.67 文學小路

P.66 ロープウェイ

P.67 文學之館

P.70 千光寺

県土地改良事業団体連合会

カトリック教会

●WINスポーツ
クラブ

清心幼稚園前

卍済法寺

●勤労青少年ホーム

●体育館

千光寺公園 P.67

休憩所●

山頂

千光寺公園

空中纜車

P.69・91
梟の館

青松寺

市民プール

P.88
尾道市立美術館

P.89

R プティ・アノン
P.89

毘沙門堂●

尾道アート館●

天満町17-23

ロッテリア●
イオン

S サティ前

吉源造酒場

三軒家町

千光寺山荘

西土堂町

尾道城

ビュウホテルセイザン
H

P.67 天寧寺海雲塔

P.69 昇福亭 千光寺道店 C

東土堂町

P.66 (尾道文學之館) 文學紀念室

帆雨亭
P.68

工房尾道帆布

信行寺

若宮神社

●亀山料理学院

元吉龍宮奥之院

土堂小

通稱「高第之家」
P.73

創作ジャム工房おのみち
P.74

土堂児童公園

P.66 (尾道文學之館) 志賀直哉故居

C AIR CAFÉ P.68

卍光明寺

光明寺会館

宝土寺 卍

尾道郵局

P.73 有電線桿的坡道

うずしお橋

P.88 甘味処ととあん C

稲荷大明神　海福寺 卍

吉備津彦神社 卍

山陽本線

渡場通り
土堂(2)

ゆーゆー P.74・87

東第1路切前

●美茉子像前

土堂小下東詰 2

めん処
みやち

三阪商店
P.87・89

尾道站

P びっくり

三原市

アルファーワン

山口

西御所

西御所町(東)

東御所町

本州四国連絡高速道路

JA

S life:style
P.89

H 尾道第一飯店
P.93

福屋

●千島波ого局

しまなみ交流館

駅前

おやつと
やまねこ
P.79

●緑丘飯店尾道 P.93

尾道ウォーターフロントビル
●尾道駅前機構

じぐざぐ

福本渡船
フェリー桟橋

P.78 THE FLYING PIEMAN S

尾道駅前

WC

R じぐざぐ

S 桂馬商店

5(ファイブ) R

P.77
5(ファイブ) R

S からさわ P.79

P.74

S 鮨と魚料理 保広

P.85 casalinga deux table R

P.77・86 チャイ サロンドラゴン C

おのみち海辺の美術館

尾道商業會議所紀念所

瀬戸内クルージング(尾道～千光寺下～朝の浦)

備後商船(尾道～福田～常石)

P.77
monolom

夕やけカフェ
ドーナツ P.78

P.88

尾道帆布
彩工房 P.

尾道渡船
フェリー乗場

Bar 8 ℃
P.91

尾道水道

尾道市區

右上為北方　周邊圖 ▶P.60·61

0　　　100m
1:8,000

····· 古寺巡禮
····· 文學小路
── 商店街

向峠ガード

向峠ガード
南高下

㊱尾道南高
·長江公民館

西国寺裏参道

県市営住宅

長江小下

長江小

長江郵局

藤田医院
長江1

P.71 西國寺
大師堂卍
西国寺
金堂
護国神社
卍金剛院
金毘羅大権現
持善院

いきいきサロン久保

西久保町

NTT交換局
歯科医師会館

配水槽

尾道東高

山脇神社

P.73·88
御袖天満宮

P.71 大山寺
卍日限地蔵尊

東高前

久保小

西郷寺

東久保町

P.72 招財貓美術館in尾道

千光寺山空中纜車

P.67·72 貓之細道

喫茶原長江店

樋善寺
萬称寺

八幡宮

浄泉寺
正覚寺

るりやま教室

吉田歯科

尾道久保町郵便局前

茶房こもん P.89
Galetterie P.79
Common

西国寺下

楽天地入口
卍尊光寺
防地口

市立中央図書館

海徳寺

正授院

長江口千光寺下

山麓

長江口光寺下

P.83 蔵鮨

夢家

P.89
中屋本舗
長江口店

宮野歯科

師友塾高

子育て
支援センター

生涯学習センター

天寧寺
P.70
天寧寺

いわべえ

P.81
WC

昇福亭
長江店 P.75

朱華園 P.80

青柳 P.89

今川玉香園茶舗
P.86·89

防地口下
労省

八坂神社

簡湯地蔵堂

净土寺庭園

浄土寺 P.71

高野大明神

多宝塔

海龍寺 P.71

千光寺踏切下

尾道絵のまち館

尾道ええもんや
P.75·87

西山本館

尾道歴史
博物館 P.88

尾道電影資料館 P.73

市教育会館

金蔵大明神

芝守稲荷神社

久保(3)

尾道
白樺美術館

浄土寺下

フレンド
P.81

尾道ガラス工房
Bottega P.86

P.85 西山亭

ピッツェリア ら·ぼると P.85

市公会堂(東)

久保3

松本病院·漁協

胡神社

浄土寺下

福山站

尾道大橋入口

北前亭
P.87

やまねこ cafe P.91

かき左右衛門 P.80
つたふじ P.83

尾道ロイヤルホテル P.93

住吉神社

商工会議所前
商工会議所
中央棧橋

市役所前

市役所

公会堂

久保ポンプ場

魚信
P.82

尾道港

尾道渡船フェリーのりば

大元荘

向島

木曽造船

三ツ石城跡

日立造船

倉敷／尾道市區

65

貓咪帶路遊覽千光寺周邊
隨性的坡道散步

來到尾道一定要參觀的景點就是位於千光寺山腰的坡道地區。
朝著可以眺望房舍和街景的地方前進，
出發前往坡道散步吧！

整個繞上一圈 **90分**

建議出遊Time **10:00-17:00**

搭乘空中纜車登上千光寺公園，再從那裡一面下山一面遊逛也較不費體力。因有許多石板路和階梯，最好穿著好走的鞋子步行。

周邊地圖☞P.64

視野絕佳的千光寺公園展望台

千光寺公園●
千光寺公園展望台 🅿

文學小路

千光寺

山頂站

千光寺山空中纜車

貓之細道
招財貓美術館
in尾道(P.72)

從千光寺本堂眺望眼前的尾道海岸

位於千光寺公園附近通稱「PONPON岩」

ポンポン岩

中村憲吉故居

梟の館
P.69

ブーケ・ダルブル

長江保育園

山麓站

天寧寺海雲塔

文學紀念室

志賀直哉故居

尾道幼稚園

卍 天寧寺
(P.70)

昇福亭

帆雨亭
P.68

千光寺商店
P.69

JR山陽本線

時常出現在電影和電視中的千光寺新道

宝土寺 卍

〒

尾道駅

天寧寺坡道是由海雲塔延伸出的風雅小路

效法當地的喵咪遊逛坡道

尾道是被山和海包圍的斜坡之城。交錯的坡道沿途，四處座落著古老房舍和寺院、古民宅咖啡廳等。一回神就會發現貓咪悄悄現蹤，在巷子裡散步或躺臥。效仿這些當地的貓咪隨性巡遊坡道吧。

散步途中來到

✿尾道文學之館

座落在斜坡路途中，由文學紀念室、中村憲吉故居、志賀直哉故居、以及文學公園這4個設施組成。是可以好好瞭解尾道和文學淵源的好地方。

☎0848-22-4102(文學紀念室) 🏠尾道市東土堂町13-28 ⏰9:00～17:30(11～3月為～16:30) 🈚無休(12～2月為週二休) 💴門票300日圓(3個設施通用) 🅿無 🚉JR尾道站步行15分 MAP64C-2·64C-3

展示著與尾道相關的作家之遺物和原稿的文學紀念室

千光寺山
首先搭乘 空中纜車 一口氣抵達山頂

一邊從空中纜車上眺望尾道街景，輕鬆前往山頂。約3分即抵達。（🗺 P.63）

抵達第一個觀景地點
千光寺公園展望台

從距空中纜車山頂站很近的展望台，可眺望廣闊的360度全景。天氣晴朗時也能看見四國連山。

☎0848-37-9736(尾道觀光協會)
🏠尾道市西土堂町19-1
🕐自由參觀 🅿有(需付費) MAP 64C-2

倉敷／千光寺周邊的坡道散步

尾道的象徵建築
千光寺 就在這裡

在可俯瞰市區的斜坡上，佇立著稱為赤堂的朱漆本堂和鐘樓。（🗺P.70）

悠閒地在 文學小路 上散步

沿著約1km的觀光步道有25個文學碑，刻著與尾道相關的作家或詩人、歌人作品的一節。

☎0848-37-9736
(尾道觀光協會)
🏠尾道市西土堂町 千光寺公園內 🅿有(需付費) MAP 64C-2

「Best・Of・尾道」的風景
前往 天寧寺海雲塔

天寧寺境內的三重塔。隔著塔眺望後方的景色，就是代表尾道的"寺廟、坡道和海之城鎮"的絕景之一。
MAP 64C-3

通過 貓之細道 返回斜坡下方

走下有福石貓和貓咪壁畫等與貓咪相關的貓之細道後，空中纜車山麓站就會再度映入眼簾。
（🗺P.72）

坡道咖啡廳（🗺p.68）或古寺巡禮（🗺p.70），還有許多有趣的斜坡路之旅。

散步走累了
就到坡道上的咖啡廳小憩片刻吧

想在坡道散步時順路前往
舒適的隱秘咖啡廳都在這裡。
在這裡度過的時光也會成為旅行中的美好回憶喔。

位於光明寺腹地內
令人忘卻時間的放鬆空間

AIR CAFÉ
エアカフェ

位於光明寺會館1樓的咖啡廳。除了提供使用瀬戶內產的檸檬等當季飲品，也有甜甜圈和漢堡等餐點。同時也會舉辦藝術、美食、和音樂活動，變身為交流空間。

☎050-1537-5353
（光明寺會館）
⌂尾道市東土堂町2-1
🕐11:00～18:00
㊡週二・三 ℗無
🚃JR尾道站步行10分
MAP 64C-3

薑汁檸檬蘇打（400日圓）
和穴熊菓子店的甜甜圈（1個100日圓）

❶以白色為基調的極簡店內
❷是改建昭和初期的建築物而成

一面品味志賀直哉的文庫作品
度過奢侈的一刻

帆雨亭
はんうてい

使用當地食材的甜品店。店內的書架陳列著志賀直哉的小說，可自由取閱。庭園種植了10棵以上的櫻花樹，春季時可賞花。也附設伴手禮專區。

尾道名產的じゃこ餅乾搭配
尾道櫻花紅茶600日圓

☎0848-23-2105
⌂尾道市東土堂町11- 30 🕐10:00～17:00
㊡不定休 ℗無 🚃JR道站步行15分
MAP 64C-3

❶店內最裡面的座位可眺望尾道海峽
❷書架裡也有珍貴稀少的書籍
❸位於通往文學紀念室的斜坡路途中

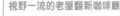

1 被樹木新綠枝枒療癒的窗邊座位
2 整面牆都被爬牆虎爬滿的建築

進入貓頭鷹世界的
復古咖啡廳

梟の館
ふくろうのやかた

1樓咖啡廳重新利用自約有90年歷史的民宅,陳列著超過1500個以上的貓頭鷹擺飾。2樓是只有進來喝咖啡的客人才可參觀的貓頭鷹美術館(門票200日圓)。滿月時也會舉行賞月大會(☞P.91)。

☎0848-23-4169
⌂尾道市東土堂町15-17 ⏰11:00左右~日落(週六·日·假日為10:00~)
㊡水週三(逢假日則營業)
Ⓟ無 🚃JR尾道站步行15分
MAP 64C-2

健康起可蛋糕套餐
為飲料費用＋300
日圓

在香草芬芳環繞下
從露天座位眺望尾道市區

ブーケ・ダルブル

自家栽種香草的花園咖啡廳。講究有機的甜點和使用新鮮香草泡的香草茶也頗受好評。也可體驗自製專屬香水。

健康豆腐布丁300日圓

☎090-3633-2603
⌂尾道市東土堂町10 1⃣
⏰11:00~17:00 ㊡不定休 Ⓟ無
🚃JR尾道站步行15分 MAP 64C-3

1 可一望尾道街區和尾道海峽的露天座位
2 改裝自曾作為茶室使用的建築

在舒服微風吹拂的
茶屋裡品味一杯好茶

昇福亭 千光寺道店
しょうふくていせんこうじみちてん

利用屋齡60年的民宅的茶屋。有寬闊窗戶的1樓座位,和2樓的包廂。招牌是口感柔軟的蕨餅、或是冬天到春天之間登場的八朔橘大福(150日圓)。

☎0848-24-5755
⌂尾道市東土堂町11-24 ⏰10:00~17:00 ㊡不定休
Ⓟ無 🚃JR尾道站步行15分 MAP 64C-3

1 窗戶很有開放感的1樓座位
2 位於千光寺道路途中

青豆粉的蕨餅450日圓

下山後在靠近空中纜車山麓站的地方,有鬆餅很出名的茶房こもん(☞P.89)

倉敷／在坡道上的咖啡廳小憩片刻

信步前往祈求幸福的
七佛開運巡禮

連結尾道主要7座古寺的參拜路線 "七佛巡禮"
只要收集每間寺院各異的朱印和念珠，
感覺會更加受到神明眷顧。

帶著朱印帳出發吧

得到7個寺院的朱印後，在最後的寺院會得到 "滿願成就" 的印章和紙掛軸。朱印帳可在各個寺院購買（800日圓／包括1寺的朱印費用）。各寺院的朱印費用為300日圓。

廣為人知的捏佛之寺

祈求
延命

1 持光寺 じこうじ

有著富麗堂皇的御影石寺院大門，別名是「延命門」。寺內收藏著國寶「絹本著色普賢延命像」。

☎0848-23-2411
⌂尾道市西土堂町9-2 ⏱境內自由參觀（捏佛像體驗為8:00〜16:30）Ｐ無
🚉JR尾道站步行5分
MAP 64B-3

由JR尾道站
START!!

開運情報

在住持的指導下，一邊默念願望一邊以黏土捏製佛像表情的「捏佛」體驗。（1500日圓／運費另計）

步行13分

供奉五百羅漢的羅漢堂

祈求
疾病痊癒

2 天寧寺 てんねいじ

1367（貞治6）年，由室町幕府第2代將軍足立義詮創建。本堂左側的羅漢堂中排列著五百羅漢群像。也是賞枝垂櫻和牡丹花的著名景點。

☎0848-22-2078
⌂尾道市東土堂町17-29 ⏱境內自由參觀
Ｐ無 🚉JR尾道站步行15分
MAP 65D-3

3 千光寺 せんこうじ

尾道地區象徵性的存在

祈求
開運解厄

據說是在806（大同元）年創立的真言宗的名寺。眼前尾道街景開闊，可眺望隔著尾道海峽的瀨戶內島嶼和四國山脈。

☎0848-23-2310
⌂尾道市東土堂町15-1 ⏱境內自由參觀（販賣處為9:00〜17:00）Ｐ有（需付費）
🚉千光寺山空中纜車山頂站步行10分
MAP 64C-2

步行25分

開運情報

據說可以遇到適合自己的對象的成對結緣御守（800日圓）

6 淨土寺 (じょうどじ)

與足利尊氏相關的寺院

祈求必勝

據說由聖德太子創建，因足利尊氏曾來此祈求戰勝而著名。本堂和多寶塔被指定為國寶。

☎0848-37-2361
⚲尾道市東久保町20-28 ⏱9:00～16:30 ¥內部參拜費500日圓、寶物館參觀費400日圓 🅿有 ♦淨土寺下巴士站即到 MAP 65F-3

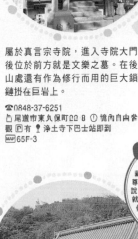

7 海龍寺 (かいりゅうじ)

尾道古寺巡禮最東邊的寺院

祈求才藝精進

屬於真言宗寺院，進入寺院大門後位於前方就是文樂之墓。在後山處還有作為修行而用的巨大鎖鏈掛在巨岩上。

☎0848-37-6251
⚲尾道市東久保町22-8 ⏱境內自由參觀 🅿有 ♦淨土寺下巴士站即到
MAP 65F-3

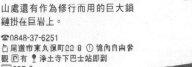

開運情報

又稱作「重輕地藏」的地藏像一尊有5kg~12kg。據說有願望實現後就可輕鬆搬起等傳說。

步行2分

步行15分

步行15分

4 大山寺 (たいさんじ)

向6尊地藏許願

祈求金榜題名

在延久年間（1069～1074）左右復興。寺院內除了有供奉日限地藏的地藏堂之外，也有放置「不看、不聽、不言」三猿像的庚申堂。

☎0848-37-2426
⚲尾道市長江1-11-11 ⏱境內自由參觀 🅿無 🚃JR尾道站步行15分
MAP 65D-2

5 西國寺 (さいこくじ)

西國第一寺是寺名的由來

祈求健康

據說是由行基創立的真言宗名剎。垂吊在仁王門上長2m的巨大草鞋與三重塔皆為重要文化財。

☎0848-37-0321
⚲尾道市西久保町29-27 ⏱境內自由參觀（內觀為10:00～16:00、祭祀活動時本堂不開放參觀）¥參觀費500日圓 🅿有 ♦西国寺下巴士站步行5分
MAP 65E-1

有了這個運氣UP！

各間寺廟都販售不同的天然石（一個500日圓），集滿7種不同的即可製作專屬的守護念珠手環。附調整念珠等附屬品的製作組合為300日圓。

想要逛完全部的寺廟，七佛巡禮約需3小時。

從招財貓到尾道電影
介紹個性派的小小美術館

尾道作為著名的貓之町以及電影之町，
也有展示著這些相關物的獨特美術館。
也很推薦在貓之細道散步，或尋訪電影拍攝景點。

遇見各式各樣的招財貓

招財貓美術館in尾道 まねきねこびじゅつかんインおのみち

民宅改裝的美術館。展示著住在尾道的畫家園山春二在石頭、玻璃、和紙等描繪的招財貓，以及蒐集自日本各地的招財貓作品等約3000件藝術品。也販售畫有招財貓的商品。

美術館商品

福石貓 5000日圓～
描繪在被日本海的海浪磨圓的石頭上，表情可愛的貓咪擺飾。

☎0848-25-2201
⌂尾道市東土堂町19-36 ⏰11:00～17:00（週六・日・假日為10:00～）
㊡週四（逢假日則翌日休）￥門票200日圓 Ⓟ無 🚉JR尾道站步行15分 MAP 65D-3

1各式各樣的招財貓在入口迎接 2可祈求戀情順利的一隅 3位於通稱的「貓之細道」上

貓之細道，尋找福石貓蹤影

通往招財貓美術館in尾道，稱為貓之細道的坡道，有108隻福石貓躲藏在各處。一邊散步一邊尋找它們的蹤跡吧。

「貓之細道」有說不上來的懷舊氣氛 MAP 65D-2

1據說撫摸它的頭三次就可招福的初代福石貓 2卿卿我我的亞當和夏娃 3在屋頂上玩躲貓貓 4貓咪與福石貓的合照 5眼睛被塗上黑色，正在反省嗎？ 6 "小紅" 有無病消災的作用

尋訪外景地的必需品
在觀光服務處等地免費發送大林宣彥執導作品的拍攝取景地圖。有尾道三部作和新尾道三部作2種。

透過電影學習的尾道歷史知識

尾道電影資料館 おのみちえいがしりょうかん

位於尾道市役所前。展示著以尾道作為舞台背景的電影取景照片和昭和初期的電影放映機、日本畫海報等等。迷你劇院內可欣賞與尾道相關的電影預告。

☎0848-37-8141
🏠尾道市久保1-14-10
🕙10:00～17:30（休週二（逢假日則翌日休）
💴門票500日圓　🅿無
🚃JR尾道站步行15分
MAP 65E-3

> 與尾道歷史博物館（⊠p.88）搭配成套的共通入場券500日圓，很划算

1陳列著日本畫海報的展示空間　2建築改裝自明治時代的倉庫　3入口附近擺著以前的放映機

尋訪成為電影舞台背景的外景地

大林宣彥執導的電影大多都是在尾道取景。踏上窄小的巷子或通往寺院的樓梯，可以憶起在螢幕上看過的情景。

『轉學生』
御袖天滿宮的石階
MAP 65D-2

『穿越時空的少女』
艮神社
MAP 65D-2

『二人』
有電線桿的坡道
MAP 64B-3

『さびしんぼう』
通稱「高第之家」
MAP 64A-3

1少年主角和少女在樓梯上跌倒的場景最為著名　2是主角在小時候遭遇失蹤事件的拍攝地　3偶爾會在電影中出現的小路。位於土堂小學的南側　4在主角上學路上，令人印象深刻的木造住宅

除此之外，還有尾道市立美術館（⊠p88）和なかた美術館（⊠p88）等美術館。

尾道／個性派的小小美術館

73

在復古商店街上走走逛逛購物趣

從JR尾道站朝東邊延伸約1.6km的尾道本通商店街。
林立著有新有舊的個性小店，在洋溢著昭和復古風情的商店街上，
尋找尾道製的伴手禮吧。

1
2
大和湯
ゆ
ゆ
3

1

當地的水果變身成果醬

創作ジャム工房おのみち

そうさくジャムこうぼうおのみち

使用新鮮的水果和蔬菜，以手工製作的無添加果醬的專賣店。有新鮮風味的果醬，隨季節約推出25種口味。

☎0848-24-9220
尾道市土堂1-3-35 11:00～17:30
休 週三‧四 P 無 JR尾道站步行5分
MAP 64 MAP 64B-4

草莓果醬
350日圓

檸檬柑橘果醬
400

2

外觀也超可愛的無添加魚糕

桂馬商店

けいましょうてん

創業100年的老鋪魚糕店。使用瀨戶內海的白姑魚、海鰻、烏賊、狗母魚等製成的魚糕，完全不含添加物和防腐劑，頗受好評。

☎0848-25-2490
尾道市土堂1-9-3 9:00～18:00
休 無休 P 有 JR尾道站步行5分
MAP 64B-4

桂馬

人氣商品的駒燒（左）和柿天（右）各220日圓

3

標誌就是寫著「ゆ」的門簾

ゆーゆー

改建自約有100年歷史的大眾澡堂「大和湯」。最適合作為尾道伴手禮的原創商品齊全。還有可品嘗冰滴咖啡的咖啡廳空間。

☎0848-25-5505
尾道市土堂1-3-20 11:00～17:00頃
休 週四（逢假日則營業） P 無
JR尾道站步行7分 MAP 64C-3

ダイちゃん
ポン酢

使用尾道產橙醋製成的萬用橘醋680日圓

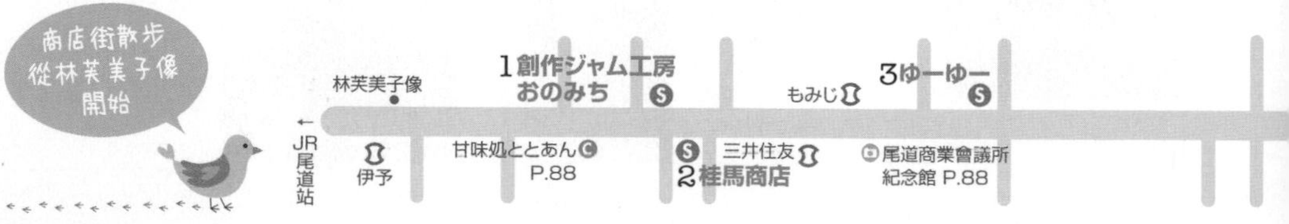

商店街散步
從林芙美子像
開始
林芙美子像
1創作ジャム工房
おのみち
もみじ
3ゆーゆー
←JR尾道站
伊予
甘味処ととあん
P.88
三井住友
2桂馬商店
尾道商業會議所
紀念館 P.88

四處都是復古風情的招牌

被稱為「晚上開始」的賣魚阿姨

商店街的偶像小Q

從商店街延伸向海邊的石板小路

4

堅固又自然的帆布是魅力所在
工房尾道帆布

こうぼうおのみちはんぷ

尾道的帆布工坊＆商店。使用從向島的製造工廠進貨之帆布製造的包包和小物等種類豐富。店內也有展示著織成帆布機等物品。

☎0848-24-0807
⌂尾道市土堂2-1-16 ⓛ10:00～18:00
㉻週四 ⓟ無 ⓡJR尾道站步行10分
ⓜᴬᴾ64C-3

可自由運用的帆布條紋包各4389日圓

5

當地的「小點心」齊全
尾道ええもんや

おのみちええもんや

零食批發商風，洋溢著復古風情的店內，陳列著島波產的柑橘類和當地產的海產加工品等商品。加入尾道特產無花果的紅豆麵包很受歡迎。

☎0848-20-8081
⌂尾道市十四日元町4-2 ⓛ10:00～18:00
㉻不定休 ⓟ無 ⓡJR尾道站步行10分
ⓜᴬᴾ65D-3

加進比目魚乾和章魚的尾道美食燒各120日圓

6

八朔橘和紅豆餡滋味絕配
昇福亭 長江店

しょうふくていながえてん

製造並販賣大福和蕨餅等的麻糬點心。招牌是將因島產的八朔橘製成香味高雅的內餡，包裹柔軟餅皮的八朔大福（11～0月）。

☎0848-37-2299
⌂尾道市十四日元町2-17 ⓛ8:00～16:00
㉻週四 ⓟ無
ⓡJR尾道站步行15分 ⓜᴬᴾ65D-3

可以選白豆沙或豆沙餡的八朔大福各150日圓

尾道郵局
Ⓣ Ⓢ4 工房尾道帆布

空中纜車山麓站↑
いわべえ
Ⓡ P.81

Ⓢ6 昇福亭
長江店

Ⓡめん処
みやち
P.80

Ⓢ
尾道帆布 彩工房
P.86

広島Ⓚ

Ⓢ
三阪商店 P.89

Ⓢ
5 尾道ええもんや

中国Ⓚ

可以享受探險感覺的許多小路與商店街和海岸通、環繞神社佛閣的山路都是相連的。

75

漫步於巷弄中發現的
迷人店家就在這裡

說到尾道的主要街道，就是尾道通商店街和海岸通。
介紹佇立於連接這2條道路的古老小巷中
展現店主好品味的巷弄小店。

好想放在身邊的
生活相關商品

monolom:
モノロム

為飾品作家的女性店主經營的
工坊兼店面。自然風格的廚房
用品和居家裝飾雜貨、膚觸溫
和的亞麻等這些從世界各地帶
回的商品，每個都是令人喜愛
到想天天使用的東西。

☎0848-24-1026
⌂尾道市土堂1-6-20
⊕11:00～19:00 ㊡週三、第1·3週
四（可能會變動）ℙ無 🚃JR尾道站
步行10分 MAP64C-4

■1從窗外望入的店內 ■2樓是服飾、鞋子
等的時尚專區 ■3約7坪的小店面 ■4木製
小湯匙（320日圓～）和白蝶貝製小湯匙
（300日圓～）■5黃銅製的名牌682日圓
等 ■6也可訂製飾品 ■7也可以參考這裡展
示的方法 ■8重新裝潢皆是倉庫的建築

琺瑯的調羹
1支350日圓

搪瓷碗
(大)500日圓、(小)450日圓

R&D. M. Co的
小毛巾3675日圓、
擦臉巾6090日圓

摩洛哥的室內鞋
4200日圓

以和食為主的不分類創意料理

5

ファイブ

循著商店街裡的招牌進入巷弄中便出現在眼前的時尚居酒屋。推薦一鍋鍋現蒸的炊飯（只提供晚間）。也提供梅酒等豐富的酒糟。

☎0848-24-5532
⌂尾道市土堂1-7-8 ⏰11:30~14:00（午餐售完即打烊）、18:00~22:00 休週四、有其他不定休 P無 🚉JR尾道站步行7分 MAP64C-4

1海鮮味飄香的大量蝦米炊飯（700日圓）以及使用當地丸谷豆腐店的豆腐沙拉（680日圓）2文字「5」非常引人注目的倉庫風建築
3以高品位的裝潢統一風格

4餐都準備的是3種每週更換的菜單。純味冷沾麵850日圓（附沙拉、飲料）

出發品嘗
傳聞中的名產「Chaider」

チャイ サロン ドラゴン

改裝自有100年歷史的民宅之客廳和走廊而成的拉茶店。所謂的「Chaider」就是將綠茶和汽水混合的原創飲品。也販賣與尾道相關的商品。

☎0848-24-9889
⌂尾道市土堂1-9-14 ⏰10:00~20:00 休不定休
P無 🚉JR尾道站步行5分 MAP64B-4

1融入還留有昭和風貌的街道中的橘色建築
2苦澀的茶與爽口的蘇打十分搭配的Chaider Green 450日圓
3洋溢著復古風情的咖啡廳＆商店

2瓶尾道Chaider以庵草花紋的包裝巾包裝890日圓

尾道Chaider 270日圓

改裝巷弄中建築而成的店家正在增加中。走在小巷裡可能會有意想不到的驚喜呢。

吃一口就會有HAPPY心情
好吃又可愛的尾道小點心

只要吃一口任誰都會讚嘆，注入滿滿愛情的手作點心。
坐在海邊的長椅上，一面欣賞往來如織的船隻一面品嘗。
不妨嘗試只有尾道才有的吃法來享受吧。

Q彈＆鬆軟的口感

❶黃砂糖原味甜甜圈130日圓 ❷瀨戶鹽生焦糖180日圓 ❸天使心190日圓 ❹雙倍抹茶牛奶190日圓

夫婦用心製作的
澳洲的招牌小點心
THE FLYING PIEMAN
ザフライングパイマン

只有週六營業的肉餡派專賣店。澳洲人的男主人負責製作餡料、女主人則負責派皮。做成大小較小，合乎東方人取向的派，最適合邊走邊吃了。

☎080-2917-1930
⛩尾道市土堂1-12-12 ⏰10:30～18:00
休週一～四 ㄟ無 🚉JR尾道站步行7分
MAP 64B-4

標誌就是澳洲國旗

該選哪個呢～眼睛移不開了…

以白＆紅色為基調的可愛店面

包括季節口味，一年之間約推出10種口味

復古又可愛的小小店面

附檸檬糖漿

超可愛的心形
健康甜甜圈
夕やけカフェドーナツ
ゆうやけカフェドーナツ

使用北海道產的麵粉和沖繩產的黃砂糖等嚴選食材製作的豆腐甜甜圈店。因是使用純日本產的米糠製作出的米糠油油炸，有著酥軟的口感。

☎0848-22-3002
⛩尾道市土堂1-15-21 ⏰10:00～18:30 休週二・三(達假日則營業) ㄟ無 🚉JR尾道站步行7分 MAP 64C-4

香醇的口味與清爽的糖漿很搭

尾道布丁和抹茶布丁各300日圓

也可以跟同時是英文教師的店主對談

番茄醬可隨個人口味添加

外皮酥脆，內館綿密

1 辛辣的泰式雞肉綠咖哩300日圓
2 不知點哪個的話就試試這個，肉醬洋蔥280日圓
3 加入豌豆的墨西哥塔可290日圓

大家最愛的
古早味手作冰淇淋
からさわ

說到尾道最受歡迎的點心，就是爽口的雞蛋冰淇淋。也會推出季節限定的草莓和芝麻等冰淇淋。最受歡迎的是現點現做的冰淇淋最中。

☎0848-23-6804
⌂尾道市土堂1-15-19 ⊙10:00〜19:00（11〜2月〜18:00）(休)火週二(逢假日則翌日休、11〜2月的第2週二也休) (P)有(需付費)
🚃JR尾道站步行7分 MAP 64C-4

也有內用空間

脆脆的餅皮夾著冰淇淋

1 包著雞蛋冰淇淋的雞蛋最中140日圓
2 冬天限定的巧克力最中150日圓
3 春〜秋限定的抹茶最中150日圓

裝在可愛瓶子裡的
山貓標誌的尾道布丁
おやつとやまねこ

是海岸通的人氣咖啡廳，やまねこcafé（☞P.91）的姐妹店。使用風味濃郁的砂谷牛乳和當地產的新鮮雞蛋製作的布丁很受好評。也販售使用全麥麵粉製成的司康、餅乾等的西點。

☎0848-23-5082
⌂尾道市東御所町3-1 ⊙10:00〜19:00(售完即打烊) (休)週一(逢假日則翌日休) (P)無 🚃JR尾道站即到
MAP 64B-4

餅皮就算冰鎮過後也鬆軟好吃

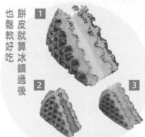

1 卡仕達醬和生奶油的最強組合，雙倍奶油口味220日圓 2 口感圓潤的牛奶巧克力口味180日圓 3 香甜的香蕉口味200日圓

最適合當做伴手禮

品項豐富的
外帶專用鬆餅
Galetterie Common
ガレットゥーリコモン

格子鬆餅名店茶房こもん（☞P.89）的外帶專賣店。包含蘋果和桃子等季節限定的口味，約有10種口味的格子鬆餅在櫥窗中。

☎0848-37-2904
⌂尾道市長江1-2-2 ⊙10:00〜19:00 (休)週二(逢假日則營業、3.8月無休) (P)有
🚃JR尾道站步行15分 MAP 65D-2

古典的西式建築

海岸通上四處都有許多最適合品嘗小吃休息的長椅。

無論如何就是想吃當地的著名美食
尾道拉麵&尾道燒

尾道存在著有點不一樣的拉麵和大阪燒。
是受當地長年喜愛的靈魂美食。
要品嘗哪一道呢？

尾道拉麵

特色是以小魚乾為湯底的醬油湯頭和較細的麵，以及大量的豬背油。每間店的湯頭以及講究的配料，發展出各具特色的拉麵。

許多忠實顧客
大排長龍的名店

1 中華蕎麥麵 550日圓

自家製的平麵條與雞骨熬煮的醬油湯頭非常搭。簡單中滋味也相當豐富。

海鮮熬煮的湯頭
最吸引人

**2 中華蕎麥麵(中)
500日圓**

有嚼勁的細麵與純樸滋味的湯頭非常搭

天麩羅的麵皮
更增添了湯的滋味

**3 天麩羅中華(中)
580日圓**

在稍微捲曲的細麵上放上炸小蝦的人氣菜單

---

1 朱華園

しゅうかえん

從1947（昭和22）年創業以來，就深受當地顧客喜愛的名店。這裡的當地特色拉麵廣為全國所知，許多拉麵迷會特地來朝聖。

☎0848-37-2077
🏠尾道市十四日元町4-12 ⏰11:00～20:00
㊡週四、第3週三（逢假日則營業）🅿有
🚃JR尾道站步行15分
MAP65D-3

2 つたふじ

是只有吧台座位的小小店面。湯底是熬煮豬大骨和海鮮的醬油湯，跟切碎的豬背肥肉的搭配也十分對味。

☎0848-22-5578
🏠尾道市土堂2-10- 17
⏰11:00～19:00（售完即打烊）
㊡週二 🅿無
🚃JR尾道站步行15分
MAP65D-3

3 めん処みやち

めんどころみやち

在商店街一角的店面。熬煮雞骨、豬大骨、小魚乾提煉出的湯底口味清爽。澆上濃稠咖哩醬的咖哩中華（600日圓）也頗受好評。

☎0848-25-3550
🏠尾道市土堂1-6-22
⏰11:00～18:00
㊡週四 🅿無 🚃JR尾道站步行7分
MAP64C-3

來個伴手禮專用的尾道拉麵如何？

在特產品販賣處等店，排列著各種伴手禮用的尾道拉麵。務必也在家試試正統的滋味。

店主精彩的煎劉工夫也是亮點之一

5 尾道燒 830日圓

雞肫大塊大塊的切成可以好好享受口感的大小。約7分鐘就可以做好

尾道燒

加入雞肫和炸魷魚餅乾的大阪燒。與一般的廣島燒相較小，雞肫脆脆彈牙的口感絕妙。

醬油的香味讓人食慾大開

4 拉麵(中) 400日圓

令人懷舊的古早味唔引許多粉絲

自古以來的懷舊尾道口味

6 奢華尾道燒 850日圓

除了雞肫、炸魷魚餅乾之外，還加入魚板、竹輪、麻糬等7種的料

4 フレンド

店頭的紅燈籠相當醒目。是由豬大骨和雞骨熬成的湯頭以及扁麵組成的簡單的拉麵。菜單只有拉麵。

☎0848-37-8062
尾道市尾崎本町12-10 ⏰11:30～13:00（售完即打烊）休週一‧四‧五 P有 🚉JR尾道站搭乘尾道巴士7分，淨土寺下下車即到
MAP 65F-3

5 いわべぇ

位於商店街的大阪燒店。技巧高超的店主做出的大阪燒，凝聚了雞肫和炸魷魚餅乾的甜味。就算是女性也可以一口氣吃光非常有人氣。

☎0848-37-2325
尾道市 十四日元町1-23 ⏰11:30～15:00、17:00～19:30 休週四(逢假日則營業) P無 🚉JR尾道站步行15分
MAP 65D-3

6 じぐざぐ

據說店主小時候，放入魚板和竹輪的大阪燒是普遍的日常美食。還保有適度的高麗菜清脆口感的燒烤方式非常優秀。

☎0848-23-5102
尾道市東御所町3- 23 ⏰11:30～14:00、17:00～21:00 休週一 P無 🚉JR尾尾道站步行5分
MAP 64B-4

比起廣島燒中加入一球的麵量，多數的尾道燒店只加入半球麵製作。

品嘗在深沉大海中孕育出的
瀨戶內的美味海鮮

身為港口城鎮的尾道，聚集著每天捕現撈的瀨戶內海鮮。
可以品嘗生魚片和壽司、抑或是炸得酥脆的美食。
介紹以新鮮度出名，可以盡情品嘗海鮮料理的名店。

8000日圓的全餐（8道）有石頭魚的生魚薄片和炸石頭魚。仔細地炸兩次，讓頭部和魚骨都可以食用。

有開胃菜、冷盤、湯品、主菜等共5道，附上自製麵包和咖啡的午間全餐3675日圓

在老鋪旅館品嘗"白肉魚之王"石頭魚

魚信
うおのぶ

有100年歷史，饒富風情的數寄屋建築料亭旅館。料理只有中午、晚間皆採預約制的宴席料理。可好好品嘗當日捕獲的新鮮海鮮。平日午餐的宴席料理（6道）3000日圓起。

用餐處在靠海的房間。閒適的景色讓心情沉靜下來

☎0120-37-4028 ♠尾道市久保2-27-6 ◷11:30～13:30、17:30～21:00(預約制) 困不定休 ℗有 ♣JR尾道站步行20分
MAP65E-3

欣賞尾道海峽同時品嘗瀨戶內的法國料理

きた山
きたやま

可品嘗活用當地漁產菜色的法國菜餐廳。推出許多醃製的前菜和法式醬糜等鮮魚料理。特點是有效地使用葡萄酒和醋等烹調出口味清爽的菜色。

用餐的同時，一邊欣賞在眼前展開的尾道海峽景色

☎0848-37-1991 ♠尾道市尾崎本町9-9 ◷11:45～13:30、17:30～20:00 困週一 ℗有 ♣尾崎巴士站即到 MAP61

在「尾道新鮮組」購買活跳跳的海鮮

每週週六早晨6點開始到賣完為止，在尾道漁協前舉辦的早市。當地的漁夫會到此販賣當天補到的新鮮魚獲。也提供從當地配送服務。

☎0848-37-3337（尾道漁業協同組合）

瀨戶內握壽司2835日圓。使用瀨戶內海的海鮮製成8貫壽司。食材隨時期更換

使用瀨戶內捕獲的白肉魚的尾道海鮮丼980日圓（午餐）

縣內縣外的粉絲光顧的壽司名店

蔵鮨
くらずし

夏天有海鰻和星鰻、冬天則是牡蠣等，可享用使用尾道當季鮮魚捏的壽司。因追求講究工夫下做出的好味道，時常有縣外的忠實顧客造訪。握壽司1575日圓，合理的價格也令人心動。

使用瀨戶內捕獲的白肉魚的尾道海鮮丼980日圓（午餐）

☎0848-37-9320 ⌂尾道市久保1-3-31 ⓘ17:30～24:00（週日、假日為12:00～14:00也營業）⊗週三（逢假日則營業）Ⓟ有 🚉JR尾道站步行15分 ㎆65E-3

尾道料理和牡蠣菜色齊全

かき左右衛門
かきざえもん

可品嘗到以石頭魚的生魚片和炸魚、照燒星鰻等瀨戶內產白肉魚為主的尾道料理。另外，從身為牡蠣公司的母公司進貨的優良牡蠣，也可用照燒或炸牡蠣的方式來享用。

佇立於海岸通上的大正時期建的復古建築物

☎0848-38-7871 ⌂尾道市土堂2-9-20 ⓘ11:30～13:30、17:30～21:30（週五、六為～22:30、週日為17:00～）⊗週二（逢假日則翌日休）Ⓟ有（契約停車場）🚉JR尾道站步行15分 ㎆65D-3

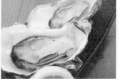

有許多可享用鯛魚和石頭魚、小沙丁魚、石狗公等小魚料理的和食店。

享用時尚的午餐
推薦海岸通上的餐廳

在洋溢昭和復古氛圍的尾道，自然融入其間的歐風餐廳。
有可以輕鬆品嘗法國菜的店家，以及飽享葡萄酒與起司的餐廳。
今天的午餐就選在海灣地區，優雅地享用美好的一餐吧。

繽紛鮮豔的休閒法國菜

レストラン 尾道レスポワール・ドゥ・カフェ

レストランおのみちレスポワールドゥカフェ

紅磚建築的厚實外觀十分吸睛的歐風餐廳。使用來自世羅高原產的蔬菜等料理，擺盤頗具巧思，光用眼睛看也是種享受。種類豐富的甜點也很吸引人。

☎0848-24-1154

⌂尾道市西御所町14-5 ⏰11:00～14:30、17:30～21:00 困週二 ℙ有 ♟JR尾道站步行7分 MAP 60

1每週午餐1560日圓。今日的主菜是焗烤新鮮馬鈴薯佐白酒燉雞腿
2裡面有2層，很有開放感的店內。中央是休閒的吧台
3使用以前曾是海運公司的倉庫建築

午餐是這個樣子

在品嘗過濃湯後享用主菜！

加420日圓

合計1980日圓（午餐4道 1560日圓＋甜點&餐後飲料 420日圓）

前菜
自製豆腐和醃黃瓜等9種料理每季更換

季節濃湯
這天是胡蘿蔔加上蜂蜜熬煮的「蜂蜜胡蘿蔔」

麵包
使用天然酵母和牛奶的花圈麵包

甜點&飲料
甜點可在20種甜點中選3種

加入和風元素的創意義大利料理

▌▌西山亭
にしやまてい

有13年和食、20年義人利菜經驗，並經營一間藝廊的店主所烹煮的料理，使用梅酒和味噌的白醬等，都是融合了和食精髓的料理。與日本酒和燒酎（各500日圓）也很搭。

（上）白玉糰子的義式麵飲白味噌醬有柚子的香氣980日圓　（下）店內有在家一般的放鬆氣氛

☎0848-24-5844
⌂尾道市土堂2-9-22
🕐11:30～14:30、17:30～21:30
㊡週四 🅿無 🚃JR尾道站步行15分
🗺65D-3

使用義大利進口的石窯烘烤的披薩亮點就是它的酥脆口感

▌▌ピッツェリア ら・ぽると

將屋齡約160年的米倉加以利用的披薩專賣店。將醒了一晚的麵團桿薄後，用柴火燒熱的石窯烘烤。放上許多當地海鮮的紅醬海鮮義大利麵為1260日圓。

（上）芝麻菜和生火腿、番茄的披薩1360日圓（下）還保有倉庫風情的店內

☎0848-24-2526
⌂尾道市土堂2-9-19
🕐11:00～21:00
㊡不定休 🅿無
🚃JR尾道站步行15分 🗺65D-3

大快朵頤滿滿海味的義大利麵以及高級的起司

▌▌casalinga deux table
カサリンガドゥターブル

可享受使用尾道產的海鮮製作的義大利麵、起司、紅酒的餐廳。從歐洲進口的起司，也嚴選了需長時間熟成的優質品項。適合跟葡萄酒一起品嘗。

（上）辣味明太子和茄子以及鴻喜菇1200日圓（下）只有12個座位的小巧店面

☎0848-23-4719
⌂尾道市土堂1-9-10
🕐11:30～14:00（週六・日、假日為～14:30）、18:00～21:00 ㊡週四、第3週三
🅿無 🚃JR尾道站步行5分 🗺64B-4

casalinga deux table 的起司也可外帶。給自己一個稍微豪華的伴手禮如何呢？

描繪尾道的櫻花
粉紅×白的圓點圖樣

A

讓午茶時光變得更開心的
清爽紅茶

B

以三重塔為設計概念
充滿對當地滿滿的愛的T-shirt

C

D

只有港町才有的
可愛的水手吊飾

選個喜歡的帶回家

私藏的
尾道伴手禮

瀨戶內海捕獲的小魚乾、
以千光寺的櫻花為靈感的玻璃製品和美妝、
使用曾經用在帆船上的帆布製商品
等等，收到一定會很開心的
Made in 尾道的伴手禮。
要送哪個禮物好呢。

E

使用方式多元的
堅固的帆布籃

A尾道櫻花玻璃紙鎮（2000日圓～）。也有裂紋玻璃款和霧面玻璃款 B濱風840日圓。使用斯里蘭卡產的紅茶，以坎地茶為基底，加入讓心情煥然一新的薄荷、檸檬草等4種香草的調合茶 CT-shirt 3000日圓。由深愛尾道的店主設計。有短袖和7分袖2種，尺寸、顏色齊全 D帆布吊飾各1050日圓。船錨和船舵造型的吊飾有紅、深藍、自然色3種，亮點是卯釘上的貓咪圖案 E帆布藍造型包 S號（15cm×15cm）945日圓、M號（20cm×23cm）1260日圓、L號（28cm×32cm）2625日圓。也很適合收納小東西 F尾道名產雞翅（4隻裝）580日圓。在尾道的傳統雜貨店擁有高人氣的雞翅。排出裝在可愛盒子中的伴手禮禮盒

F

尾道傳統的小點心
蒜味的雞翅膀

請享用尾道名產 "Debera"

採自尾道週邊的 濃稠的純正蜂蜜

悠哉的樣子煞是可愛 懶洋洋的貓咪們

尾道／私藏的尾道伴手禮

G 貓咪藝（前）1785日圓・名片立架（後）2100日圓。為居住福山市的作家YAMASHITA AKIKO小姐手作的貓咪商品 H 蜂蜜每罐980日圓～。名字奇特的蜂蜜，有冬青果、蜜柑等5種口味 I 比目魚乾1袋500日圓～。將比目魚曬乾後的「Debera」，是尾道冬天的名產。用小鏟子將魚骨打碎後再烤來吃是尾道傳統吃法。 J 因島的八朔橘果凍1個190日圓。加入滿滿的因島特產八朔橘，甜味清爽的果凍。也可以冰凍後享用 K 尾道護膚香膏500日圓。重現千光寺的櫻花香味。也可當作口紅打底用。櫻花肥皂580日圓。內含櫻花麴的有機肥皂 L 調味鮂仔魚乾（小包）315日圓～。主要使用瀨戶內海的水產製成，加入傳統海帶調味。有梅子、星鰻等共12種口味 M 尾道手帕各735日圓。很有尾道風情的主題是由尾道大學的學生所設計。用途多元的手帕是必備的伴手禮

熱賣的八朔橘果凍 包裝也超可愛

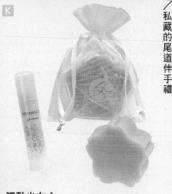

觸動少女心 的櫻花美妝品

口感柔軟濕潤 很下飯的調味鮂仔魚乾

大型起重機和櫻花… 將尾道的印象 做成手帕

Shop List

G 三阪商店 ⊠ P.89
H ゆーゆー ⊠ P.74
I せと珍味 ⊠ P.89
J・K・M 尾道ええもんや ⊠ P.75
L 北前亭（きたまえてい）
☎0848-22-5555
🏠尾道市土堂2-8-13 🕙10:00～18:00 ㊡週三（逢假日則營業）Ｐ有
🚃JR尾道站步行10分 MAP 65D-4

還有許多
尾道的順路景點

有摩登外觀的美術館、以及可知道尾道歷史的紀念館。
漂亮的小店、曾在電影中出現的咖啡廳等，
想要介紹給大家的景點還有好多好多。

尾道市立美術館
おのみちしりつびじゅつかん

☎0848-23-2281
⌂尾道市西土堂町17-19 千光寺公園內
🕐9:00～16:30 休週一（逢假日則開館）
¥視展覽而異 P有（需付費）
🚃千光寺山空中纜車山頂站即到
MAP 64B-2

佇立於千光寺公園內的美術館

整體的水泥建築，正面為玻璃門的近代建築物，是日本代表性的建築師安藤忠雄著手設計。會舉辦許多不同主題的特別展覽，以企劃展的方式為主，介紹日本國內外的美術品以及與尾道相關的美術。從2樓的大廳可以眺望尾道海峽。

設計新潮的外觀

位於賞櫻名勝，千光寺公園內

なかた美術館
なかたびじゅつかん

☎0848-20-1218
⌂尾道市潮見町6-11
🕐9:00～17:00 休週一（逢假日則翌日休）
¥門票500日圓（企劃展覽需另付）P有
🚃JR尾道站步行15分 MAP 60

收藏法國作家的作品等

收藏巴黎畫派等的法國以及日本的近代畫作。除了展示收藏品外，也會舉辦特別展。

御袖天満宮
みそでてんまんぐう

☎0848-37-1889
⌂尾道市長江1-11-16
🕐境內自由參觀 休無
🚃JR尾道站步行20分
MAP 65D-2

電影『轉學生』的故事背景

是祭祀菅原道真的神社。除了其中1級，其他的石階全都是以5m高沒有縫隙的一整塊石頭打造的55級石階，不容錯過。

尾道商業會議所紀念館
おのみちしょうぎょうかいぎしょきねんかん

☎0848-20-0400
⌂尾道市土堂1-8-8
🕐10:00～18:00 休週四 ¥免費入館
P無 🚃JR尾道站步行7分
MAP 64C-4

可在此了解商城尾道的歷史

整修自身為市重要文化財的舊尾道商業會議所的設施。除了展示尾道以前的照片和資料外，也有觀光服務處。

鮨と魚料理 保広
すしとさかなりょうりやすひろ

☎0848-22-5639
⌂尾道市土堂1-10-12
🕐11:30～14:30、17:00～21:00
休週一（逢假日則翌日休）P有
🚃JR尾道站步行5分 MAP 64B-4

新鮮壽司和鮮魚料理餐廳

可品嘗生魚片定食、天麩羅定食（各1600日圓，只限午間），以及星鰻和魚鬆的箱壽司、生章魚片（各1600日圓）等。

艮神社
うしとらじんじゃ

☎0848-37-3320
⌂尾道市長江1-3-5
🕐境內自由參觀 休無
🚃JR尾道站步行15分
MAP 65D-2

約有900年樹齡的樟樹十分壯觀

建立於806（大同元）年。供奉天照大神、須佐之男命、伊邪那岐命、吉備津彥命。參道前還殘留著稱為御供水的井。

尾道歷史博物館
おのみちれきしはくぶつかん

☎0848-37-6555
⌂尾道市久保1-14-1 🕐10:00～17:30
休週二（逢假日則翌日休）
¥門票200日圓 P有
🚃JR尾道站步行15分 MAP 65E-3

學習尾道的歷史

改裝自市重要文化財的舊尾道銀行本店的博物館。收藏並展示尾道遺跡的考古資料和與尾道相關的歷史資料。

甘味処とっとあん
かんみどころとっとあん

☎0848-22-5303
⌂尾道市土堂1-10-2 🕐9:00～18:30
休週四 P有（需付費）
🚃JR尾道站步行5分
MAP 64B-4

享用名產蕨餅

可品嘗手製的和菓子和日本茶。可以撒上自己用石臼磨碎的黃豆粉，再沾黑糖蜜一起食用的本蕨餅（1000日圓）最受歡迎。

茶房こもん
さぼうこもん

☎0848-37-2905
⌂尾道市長江1-2-2
🕐9:00～18:30
㊡週二（逢假日則營業，3.8月無休）
🅿有 🚃JR尾道站步行15分
MAP 65D-3

在當地也很有人氣的格子鬆餅專賣店
在電影『轉學生』內也有出現過的店內洋溢著濃濃的鬆餅香。醒了一晚的麵糊，在現點現烤下，呈現酥脆的口感　有奶油格子鬆餅（附咖啡800日圓）和藍莓冰淇淋鬆餅等，口味豐富。

位於空中纜車山麓站附近

藍莓冰淇淋格子鬆餅520日圓

せと珍味
せとちんみ

☎0848-22-8202
⌂尾道市土堂1-13-6
🕐9:00～18:00 ㊡無休 🅿無
🚃JR尾道站步行5分
MAP 64C-4

將瀨戶內的美味海鮮製成乾貨
各種珍味齊備的海產專賣店。切成厚片的章魚片乾（1000日圓～）章魚味越嚼越香。

プティ・アノン

☎0848-24-1678
⌂尾道市東土堂町4-22 🕐10:00～20:30
(17:30以後採2天前預約制) ㊡週三、週一不定休(賞花季節無休) 🅿無 🚃千光寺山空中纜車山頂站步行3分 MAP 64C-2

地點超棒的餐廳
位於千光寺山高地的歐風餐廳。午間提供的小道全餐（1580日圓）很受歡迎。也提供咖哩飯和義大利麵等的簡餐類以及甜點。

life:style
ライフスタイル

☎0848-24-9669
⌂尾道市西御所町3-34
🕐11:00～19:00
㊡週三（逢假日則營業）
🅿無 🚃JR尾道站即到 MAP 64A-4

自然風的流行服飾和雜貨
位在JR尾道站旁的複合式精品店。有衣服、雜貨、可隨性使用的器皿等，日常生活相關用品齊全。

三阪商店
みさかしょうてん

☎0848-23-3220
⌂尾道市土堂2-6-1 🕐9:00～19:00
㊡週四（逢假日則營業）🅿有
🚃JR尾道站步行10分
MAP 64C-3

深富特色的貓咪商品
1877（明治10）年創業，專賣器皿和雜貨的店。店內一角的貓咪專區，林立著由當地作家創作的貓咪擺飾及名片立架等許多貓咪商品。

青柳
あおやぎ

☎0848-37-2131
⌂尾道市久保1-5-24
🕐11:30～14:00、17:00～21:30
㊡週三 🅿無 🚃JR尾道站步行15分
MAP 65E-3

可品嘗海鮮的老鋪割烹料理店
招牌菜色是細心地將捕獲自瀨戶內海的石頭魚去骨，再裹上秘傳的炸衣下去油炸的酥炸石頭魚（1800日圓～）。

中屋本舗 長江口店
なかやほんぽながえぐちてん

☎0848-37-2580
⌂尾道市久保1-2-4
🕐9:00～10:00 ㊡無休 🅿有
🚃JR尾道站步行15分
MAP 65D-3

代表尾道的糕點老店
紅磚瓦（1個126日圓）、鯨羊羹等，有許多取名自尾道地名和人名的菓子。八朔橘人福（1個157日圓）頗受好評。

今川玉香園茶舗
いまがわぎょくこうえんちゃほ

☎0848-37-3766
⌂尾道市久保1-6-8 🕐9:00～19:00
㊡不定休 🅿有
🚃JR尾道站步行15分
MAP 65E-3

在老茶店品味茶的深奧滋味
1878（明治11）年創業，販賣完全不使用添加物和色素的茶。也販售尾道產的日本茶和從斯里蘭卡進口的紅茶等。

尾道／還有許多順路景點

89

太陽下山後也能好好享受
漫步於黃昏到夜晚的尾道

黃昏的海岸通，打上燈光的新尾道大橋和寺廟等…
夜晚的尾道洋溢著與白天完全不同的魅力。
漫步在此，發現尾道的新魅力吧。

1 從千光寺山眺望下的夜晚的尾道海峽和市區。打上燈光的新尾道大橋映在海面上，呈現夢幻的景色
2 在乘船處看到急著回家的人們　3 從JR尾道站延續到商工會議所的海岸道路。坐在路邊的長椅上欣賞夕陽西下的風景也很棒
4 位於商工會議所前的やまねこcafé的大樓。與白天悠閒的氣氛截然不同，夜晚將變身成年輕人聚集的夜間景點

只在滿月之夜開店的葡萄酒吧

可一面眺望尾道的夜景品嘗一杯

2層樓的咖啡廳，在滿月之夜會舉行賞月晚會。是可以一面品嘗葡萄酒，一面靜靜的欣賞明月的大人活動。採預約制、入館費用2200日圓（附一杯葡萄酒和冷盤）。

梟の館 <MAP>P.69

打上燈光的寺廟也很美

千光寺、天寧寺（海雲塔）、西國寺、淨土寺這四個寺廟，每天都會點燈到晚間10時。位於台地上的寺院也可盡情欣賞市區的夜景

前往當地人御用的鬧區！

除了Bar 8ページ、やまねこ cafe之外，這個新興的區域還有許多很受當地年輕人歡迎的夜晚好去處。從尾道市公會堂往北進入小巷後，有小酒館、居酒屋等小店林立。

★ ★ ★ 盡情享受夜晚的順路景點 ★

1有9個吧台座位的店內 2China Blue 800日圓 3法蘭絨濾泡式的咖啡500日圓

Bar 8ページ
バーはちページ

改裝舊書店1樓而成的酒吧。酒精類主要有威士忌、調酒等。可從有800本書的一整面牆書櫃中選一本喜歡的書，悠閒的度過。

☎0848-23-6101（画文堂）
🏠尾道市土堂1-5-12
🕐17:00～翌1:00
🈺不定休 🅿無
🚃JR尾道站步行10分
<MAP>64C-3

1每日更換的義大利菜單為800日圓起 2很有特色的椅子和沙發，醞釀出獨特的舒適感

やまねこ cafe
やまねこカフェ

原創飲料、蛋糕、甜點等種類豐富的咖啡廳。5種每日更換的午餐很受歡迎。夜晚則可享用以義大利風為基礎的料理。

☎0848-21-5355
🏠尾道市土堂2-9-33
🕐11:30～21:30（週五・六為～23:00）🈺週一（逢假日則翌日休）🅿無 🚃JR尾道站步行10分 <MAP>65D-3

從千光寺山頂到山腰之間，廣闊的千光寺公園，是可以欣賞夜景的絕佳景點。從園內的觀景台可一覽尾道的街景。

要投宿在尾道周邊的話推薦這些旅館＆飯店

從料理出色的旅館，到可欣賞夜景的飯店，
這裡介紹可配合目的來選擇的各種旅館。

※住宿費用基本上為淡季的平日，並以客房最多的房型計算2人1間的1人份費用。

在可眺望庭園的獨棟客房內度過優雅時光

西山別館

‖尾道市‖にしやまべっかん

有瀨戶內海當背景的美麗和風庭
園的旅館。客房有新館4間，以及
圍繞著庭園的茅草屋頂和數寄屋
風格的獨棟6棟共8房。晚餐使用
瀨戶內海的海鮮，可品嘗到凝聚
四季不同魅力的宴席料理。

☎0848-37-3145
⌂尾道市山波町678-1
🕐IN15:00 OUT10:00
[客室]和4、獨棟8
¥附2食18900日圓～
[P]有 🚌 山波巴士站即到
[MAP]61

■整片綠色的草坪，整理得十分美麗的庭園
■別館「藁の家」的客房
■擺盤精緻的春季料理一例

> Check
> ①晚饗在房內享用
> （獨棟的早饗也在房內享用）
> ②有當日來回的專案
> ③名菜是土鍋蒸鯛魚飯（預約制）

佇立於港口專為成人設計的旅館

汀邸 遠音近音

‖福山市‖みぎわていをちこち

皆為海景的客房，備有陽台和溫
泉露天浴池，營造出令人放鬆的
空間。芳療室有芳香精油按摩等
多種專案可選擇。晚餐是使用瀨
戶內海鮮為主，令人驚豔的創
作料理。

☎084-982-1575
⌂福山市鞆町鞆629
🕐IN15:00 OUT11:00 [客室]和17
¥附2食27450日圓～
[P]有(利用姐妹館「歐風亭飯店」停車場)
🚌 鞆港巴士站即到
[MAP]附錄③A-2

■從大廳眺望的仙醉島景色如詩如畫 ■客房有5種房型。圖為高級套房之一例 ■擺盤漂亮對身體也很好的料理（圖僅供參考）

> Check
> ①客房內可品嘗從咖啡豆磨起的旅館特調咖啡
> ②除了浴衣，也準備了2件式紗質睡衣

作為觀光據點十分便利的都市飯店

綠丘飯店尾道　HP C 煙 🍴 ✿

‖尾道市‖ グリーンヒルホテルおのみち

位於1樓為尾道站前棧橋大廳的
Water Front大樓內。靠海的客
房可欣賞尾道海峽，靠山側的
客房則可眺望千光寺山山腳下
的尾道街景。

☎0848-24-0100
⌂尾道市東御所町9-1 ⏱IN14:00
OUT11:00 客室S54、T34、W4
¥S7875日圓～、T15750日圓～、
W14700日圓 P有（需付費）
🚌JR尾道站即到 MAP 64A-4

Check
①有可享用南歐風晚餐和午餐的餐廳
②前廳在夜晚會變成酒吧

從窗邊可眺望尾道海峽的客房

5.6樓為客房

可享受瀨戶內海的海產和景觀的溫泉旅館

景勝館 漣亭　HP C 😊 ✿

‖福山市‖ けいしょうかんどどなみてい

以使用鞆之浦名產的鯛魚等的
新鮮海產製成的奢華料理為賣
點。從6樓的觀景大浴場，可欣
賞佇立在瀨戶內海上的仙醉島
一面悠閒地泡溫泉。

☎084-982-2121
⌂福山市鞆町鞆421
⏱IN15:00 OUT10:00 客室和26
¥附2食15750日圓～ P有
🚏鞆浦巴士站下車即到
MAP附錄③B-1

Check
①有附設露天檜木浴池或陶製浴池的客房
②有從福山站發車的接駁巴士（預約制）

晚餐可品嘗鯛魚釜飯（照片是2人份）

附設露天浴池客房的陶製浴池

<table>
<tr><td>福山市</td><td>公 國民宿舍仙醉島
こくみんしゅくしゃせんすいじま　HP C 煙 😊</td></tr>
</table>

福山市	公 **國民宿舍仙醉島**　こくみんしゅくしゃせんすいじま　HP C 煙 😊
	☎084-970-5050 ⏱IN16:00 OUT10:00 室和12、T和4、和洋2 ¥附2食7800日圓～ P有 🚏仙醉島棧橋步行3分 MAP附錄①C-5 **POINT**全客房皆為海洋景觀房，從4樓的觀景浴池也可眺望大海。

尾道市	H **尾道國際飯店**　おのみちこくさいホテル　HP C 煙 🍴
	☎0848-25-5931 ⏱IN15:00 OUT11:00 室S31、T33、W20、和4、 其他2 ¥S8000日圓～、T14000日圓～ P有 🚶JR尾道站步行15分 MAP60 **POINT**推薦星鰻三吃御膳「尾道おひつ」。

尾道市	H **尾道第一飯店**　おのみちだいいちホテル　HP C 煙 🍴
	☎0848-23-4567 ⏱IN14:00 OUT11:00 室S25、T9、W6、和3、其 他1 ¥S5775日圓～、T10500日圓～、W8400日圓～ P有 🚶JR尾道 站步行3分 MAP64A-4 **POINT**位於站前海岸通上。全客房皆有免費無線網路。

尾道市	H **尾道ロイヤルホテル**　おのみちロイヤルホテル　HP C 煙 🍴
	☎0848-23-2111 ⏱IN15:00 OUT11:00 室S34、T13、W5、和3 ¥S5300日圓～、T10500日圓～ P有 🚶JR尾道站步行10分 MAP65D-3 **POINT**從餐廳內可一望尾道海峽夜景。

旅 旅館　H 飯店　民 民宿　公 公共旅店　歐 歐風民宿
HP 有官方網站　C 可使用信用卡　新 2010年新開幕或重新裝潢　煙 有禁煙客房　😊 有露天浴池
🍴 單人房為20㎡以上　🍴 正常的退房時間為11點以後　✿ 提供專為女性的服務

S：單人房、T：雙床房、W：雙人房（T包含豪華雙床房、W包含加大單人床等）

在景勝館 漣亭，提供女性顧客從40種浴衣中挑選喜愛款式的服務。

保留著懷舊街道的鞆之浦
非常適合悠閒遊逛的城鎮

古時為候潮港而繁榮的鞆之浦。
還留有塗籠壁的房舍和赭紅色的格子窗等過去的風貌。
在懷舊的街區中慢慢的散散步吧

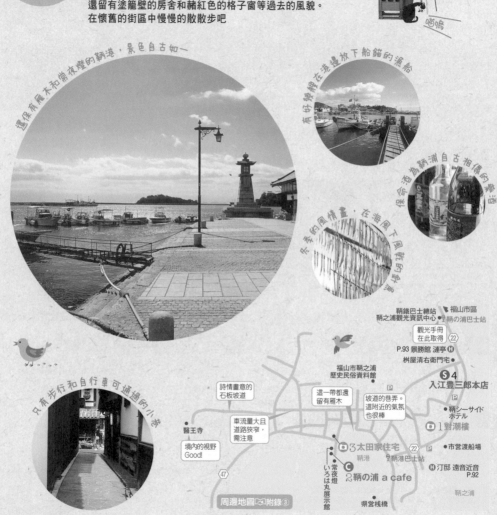

還保有雁木和常夜燈的鞆港，景色自古如一

有好幾艘在港邊放下船錨的漁船

保命酒為鞆浦自古相傳的釀酒

尽季的風情畫。在海風下風乾的小魚乾

只有步行和自行車可通過的小巷

鞆鐵巴士總站　福山市區
鞆之浦觀光資訊中心　●鞆の浦巴士站

觀光手冊
在此取得 ㉒
P.93 景勝館 澀亭 Ⓗ
桝屋清右衛門宅 .

Ⓢ4
入江豐三郎本店

詩情畫意的
石板坡道

福山市鞆之浦
歷史民俗資料館

這一帶都還
留有雁木

坡道的巷弄。
還附近的氣氛
也很棒

鞆シーサイド
ホテル
Ⓗ1 對潮樓

車流量大且
道路狹窄，
需注意

● 醫王寺

境內的視野
Good!

㊐3太田家住宅

㉒　Ⓟ 市營渡船場

鞆港　●鞆港巴士站

汀邸 遠音近音
Ⓗ P.92

常夜燈
いろは丸展示館

Ⓒ2鞆の浦 a cafe

㊼

周邊地圖 ▣附錄③

● 縣營棧橋

鞆之浦

1 可眺望宛如畫作一般
美麗的海和綠油油的島嶼

被江戶時代的朝鮮使臣稱讚為「日東第一美景」的景色

2 利用江戶時代建築
的舒適空間

1 海鮮清炒義大利麵
2 夜晚則搖身一變成為可
享用露尾酒和用餐的酒吧
（需預約）

1屋簷下有杉玉
2指定為重要文化財

3 佇立於古老街區裡的
充滿歷史感的名門宅邸

4 購買自江戶時期以來
廣受歡迎的保命酒當做伴手禮

1店內的一角展示著保命酒酒瓶等的
資料　2十六味保命酒（900ml）
1500日圓

my Co-Trip／保留著懷舊街道的鞆之浦

---

1 對潮樓

‖福山市‖たいちょうろう

是真言院的寺院、福禪寺
的客殿。與本堂連接的對
潮樓腹地內，被指定為國
家史蹟。從宅邸內可眺望
瀨戶內海。

☎084-982-2705（福禪寺）
⌂福山市鞆町鞆2
🕐8:00～17:00
㋡無休　💴參拜費200日圓
Ⓟ無
🚏鞆港巴士站下車即到
[MAP]附錄③A-2

2 鞆の浦 a cafe

‖福山市‖とものうらアカフェ

位於佇立在鞆港的常夜燈
附近的咖啡廳。可品嘗使
用自家種植蔬菜和來自瀨
戶內的海鮮入菜的義大利
麵、保命酒蘇打等。

☎084-982-0131
⌂福山市鞆町鞆844-3
🕐10:00～18:00
㋡週三
Ⓟ無
🚏鞆港巴士站步行5分
[MAP]附錄③A-2

3 太田家住宅

‖福山市‖おおたけじゅうたく

保存整修後公開原本為保
命酒藥酒釀造商的商家建
築。也是著名的幕末七卿
曾落腳的鞆七卿落遺跡。

☎084-982-3553
⌂福山市鞆町鞆842
🕐10:00～16:30
㋡週二（逢假日則翌日休）
💴門票400日圓
Ⓟ無
🚏鞆港巴士站步行3分
[MAP]附錄③A-2

4 入江豊三郎本店

‖福山市‖いえとよさぶろうほんてん

1886（明治19）年創業的
保命酒釀造廠。以糯米為
主要原料並加入16種配方
的保命酒，特色是有獨特
的香味和滑順的甜味。

☎0120-37-2013
⌂福山市鞆町鞆534
🕐9:00～17:00
㋡無休
Ⓟ有
🚏鞆港巴士站步行3分
[MAP]附錄③A-1

窄小的道路較多，因此就把車放在附近的付費停車場用走的遊逛吧。

島波海道悠閒兜風
@生口島&大三島

可欣賞懷舊島嶼風情的生口島。
沿海而築的藝術景點蔚為話題的大三島。
今天好好地為各位介紹，充滿魅力的兩座島嶼。

要留意
單向交流道
生口島的IC是只開放單一方向的單向交流道。從尾道前往生口島時，由生口島北IC下，從生口島要前往大三島時，則從生口島南IC進入高速公路。

生口島

栽培檸檬相當繁盛的柑橘之島。將車子停在還保有古早街區風情的瀨戶田，一邊享受跟島上居民聊天一邊散步吧。

1 瀨町商店街上的古早商店　2 定居於生口島的田坂真吾所製作的玻璃作品
3 橘子種類多樣，從冬季到春季都會是這種排場　4 很有風情的建築物是過去的郵局
5 整個島上四處都是美術館，在島上各處裝飾著藝術作品　6 只販售烤雞的玉木商店
7 購買瀨戶田名產的檸檬蛋糕當做伴手禮　8 商店街盡頭就是色彩鮮豔的佛塔林立的耕三寺

當做伴手禮
帶回去吧

發現橘子版的
麵包超人

順路景點

平山郁夫美術館
ひらやまいくおびじゅつかん

沈穩氛圍的和風建築

介紹以祈求和平的心情描繪佛教、絲路和世界文化遺產等的日本畫家平山郁夫的作品。可欣賞他年少時的作品和大下圖。

☎0845-27-3800　⚑尾道市瀨戶田町沢200-2
🕘9:00～16:30　㊡無休　¥門票800日圓～（視企劃展而異）　🅿有　🚗生口島北IC開車7km　MAP 97

瀨戶田·手造りジェラート ドルチェ本店
せとだてづくりジェラートドルチェほんてん

使用當地水果的義式冰淇淋店。可在海風輕拂的陽台上享用現做的美味。

☎0845-26-4046
⚑尾道市瀨戶田町林20-8　🕘10:00～日落　㊡無休　🅿有　🚗生口島北IC開車4km　MAP 97

雙球義式冰淇淋350日圓

午餐在此享用

蛸処 憩
たこどころいこい

在生口島週邊捕獲的章魚，有脆脆的口感。可以好好品嘗章魚飯等島嶼特有美食。

☎0845-27-0105
⚑尾道市瀨戶田町瀨戶田529-5　🕘11:00～15:00（15:00～為預約制）　㊡週三（逢假日則翌日休）　🅿無　🚗生口島北IC開車7km　MAP 97

章魚飯1260日圓

大三島

度過多多羅大橋後就是愛媛縣的大三島。目標明顯的美術館就位於可感受太陽照耀和海風吹拂的美麗場所。

❶前方是 Silver Hut，後方黑色建築為 Steel Hut　❷Steel Hut 中的家具空間　❸位於銀色圓頂內的家具空間　❹門口是 Noe Katz 的 Kissing Doors　❺可遠眺瀨戶內海的露台　❻展示44件溫馨的雕刻

伊東豐雄建築博物館

〔1〕〔2〕〔3〕

いとうとよおけんちくミュージアム

由展示建築師伊東豐雄歷程的 Steel Hut，以及改建舊自宅而成的 Silver Hut 等2棟建築構成。

☎0897-74-7220 🏠愛媛県今治市大三島町浦戸2418 🕘9:00～17:00 🈲週一（達假日則翌日休）🈯參觀費800日圓 🅿有 🚗大三島IC開車14km [MAP] 07

TOKORO美術館大三島

〔4〕〔5〕

ところミュージアムおおみしま

利用蜜柑園的斜坡建造的現代藝術美術館。介紹 Noe Katz、Giacomo Manzù、深井隆等人的作品。

☎0897-83-0380 🏠愛媛県今治市大三島町浦戸2362-3 🕘9:00～17:00 🈲週一（達假日則翌日休）🈯參觀費300日圓 🅿有 🚗大三島IC開車約14km [MAP] 97

岩田健 母與子博物館

〔6〕

いわたけんははとこのミュージアム

在由伊東豐雄設計的圓形建築中，和諧地展示著以「母與了」為土願的雕刻家岩田健的作品。

☎0897-83-0383 🏠愛媛県今治市大三島町宗方5208-2 🕘9:00～17:00 🈲週一（達假日則翌日休）🈯參觀費300日圓 🅿有 🚗大三島IC開車17km [MAP] 97

順路景點

大山祇神社

おおやまづみじんじゃ

作為山神、海神受人敬仰

供奉天照大神的兄長，大山積神的神社。也有收藏許多貴重的武器的寶物館。

☎0897-82-0032 🏠愛媛県今治市大三島町宮浦3327 🕘境內自由參觀（寶物館8:30～16:30) 🈲無休 🈯寶物館1000日圓 🅿無 🚗大三島IC開車7km [MAP] 97

Limone

リモーネ

檸檬利口酒（200ml）2100日

販售使用自家種植的無農藥柑橘，手工製作的利口酒。檸檬香氣清爽的檸檬酒很受歡迎

☎0897-87-2131 🏠愛媛県今治市上浦町瀬戸2340 🕘11:00～17:00 🈲週二・五 🅿有 🚗大三島IC開車4km [MAP] 97

大三島・生口島

周邊圖／附錄①

正上方為北方

1：200,000

高根島

高根山

⚓蝛処 憩 P.96

P.96 平山郁夫美術館

鳥取岬

屯耕三寺

P.96 瀬戸田・手造りジェラート ドルチェ本店

盛

生口島

愛媛県

今治市

瀬戸田落日海灘

廣島縣

尾道市

櫛林島

觀音山

西瀬戸尾道IC

多多羅温泉島波之湯 井口

多多羅大橋

宮原

生口島南

P.97 大山祇神社

多多羅岬

上浦

伊東豐雄建築博物館

TOKORO美術館大三島 P.97

岩田健母與子博物館 P.97

宮浦

鷲ヶ頭山

瀬戸田PA

大三島

多多羅島波公園

暫定片側1車線

大三島

伊方

Limone P.97

瀬戸

伯方島

宝股山

上浦PA

出逢

北浦

下坂

伯方

藤の木

伯方S・Cパーク

伯方島

木浦

宮ノ窪瀬戸

尾浦

大島大橋

大島

今治IC

伊東豐雄建築博物館、TOKORO美術館大三島、岩田健 母與子博物館組合的3館共通券1000日圓，非常划算。

無論是眺望出的遠景，還是海岸通的附近。

回想起令人懷念的風景時，總是有海洋的景色。

只要來到這個城鎮就感到放鬆，

可能就是這個關係。

藝術的瀨戶內諸島

瀨戶內海上飄浮著無數的島嶼。
多達700座島嶼中，
直島、豐島、犬島正備受世界矚目。
現代藝術融入綠意盎然的島嶼風景中，
邀請造訪者進入超現實的世界。
平靜悠閒的島嶼時光和藝術體驗，
一定會在心裡留下美好的回憶

草間彌生『紅色南瓜』2006年直島 宮浦港緑地

海浪和緩的瀨戶內海、藍色的廣闊天空。

宛如時間停止一般的懷舊風景。

在這裡點綴上當代藝術

使得島嶼的魅力更上一層樓。

隨著緩緩流逝的時間，徜徉在藝術之中。

這是只有在這裡才能體驗的寶貴經驗。

大略地介紹一下
瀨戶內諸島

前往裝飾著當代藝術的直島、豐島、犬島，
由各個港口乘船約需10分到40分左右。
以橄欖島著名的小豆島也十分有魅力。

旅程由這裡開始

渡海到島嶼時，前往直島、豐島可由玉野
市的宇野港；前往小豆島則可以岡山市的
新岡山港和宇野港作為起點。從關西地區
也有從姬路港、神戶港出發的路線。（前
往各島的詳細交通方式請參照 P.123）

●宇野港
由JR倉敷站搭乘山陽本線約18分，岡山站下車，轉乘JR宇野線約57分，
宇野站下車即到。開車前往時，從早島IC行駛國道2號、縣道267號、國
道30號約50分。海港周邊有許多付費停車場。豐島內也有停車場，但可
停車位較少，較建議不要開車進去。

●寶傳港
由JR倉敷站搭乘山陽本線約18分，岡山站下車，由岡山站搭乘兩備巴士
約40分，在西大寺巴士中心轉乘約45分，西宝伝巴士站下車步行5分即是
寶傳港。開車的話，從早島IC行駛國道2號、岡山Blue Line、縣道28、
234號等約1小時。港口附近有付費停車場，但車位較少，週末和假日時
需要特別注意。

●新岡山港
由JR倉敷站搭乘山陽本線約18分，岡山站下車，由岡山站搭乘岡電巴士
約37分，新岡山港巴士站下車即到。開車的話，從早島IC行駛國道2號、
縣道45號約40分。週邊有付費停車場。

各島之間的航線

犬島港
犬島

玉野市
宇野港

家浦港

小豆島

唐櫃港

土庄港

宮浦港 本村港
直島

豐島

各島之間的交通方式

①直島（宮浦）～豐島（家浦）～犬島

| 宮浦 | 約22分 600日圓 | 家浦 | 約25分 1200日圓 | 犬島 |

約37分 1800日圓

●四國汽船的高速旅客船行駛
●3月1日～11月3日的週一、三～週六、日、假日、
　12月1日～2月末的週一、五、六、日行駛（美術館
　休息日停駛）
●1天3班，其中1班為宮浦～犬島的直行班次

②宇野～豐島(家浦)～豐島(唐櫃)～小豆島(土庄)

| 宇野 | 約40分 750日圓 | 家浦 | 約20分 280日圓 | 唐櫃 | 約30分 470日圓 | 土庄 |

●小豆島渡輪行駛　●1天8班

③直島（本村）～豐島（家浦）

| 本村 | 約20分 600日圓 | 家浦 |

●豐島渡輪的高速船行駛
●3～11月為週二以外1天1～2班（視星期幾而異）、
　12～2月只行駛週五、六、日、假日，1天1班）

※行駛狀況隨每間公司、季節而有變動，利用時需先確認。

詢問處
四國汽船 ·············☎087-821-5100
小豆島渡輪 ···········☎0879-62-1348
豐島渡輪 ·············☎087-851-4491

橄欖樹搖曳的
度假島嶼
小豆島
しょうどしま
P.116

日本國內初次成功栽培橄欖的
島嶼，以電影『二十四之瞳』
的舞台著名。有橄欖、
醬油、素麵等的島嶼
特產相當豐富。

近代化產業的遺跡
正熱門的悠閒島嶼
犬島
いぬじま
P.112

古時為大阪城石牆用的石塊的產
地。可以參觀將建於100年前只
運作了10年的煉銅廠保存、再利
用的美術館，以及犬島「Art
House Project」等。

上方
為北方

周邊圖●附錄①
0   10km
1:820,000

當地藝術×島嶼熱潮的
先驅之島
直島
なおしま
P.104

集結了Benesse House
Museum、地中美術館、李禹煥
美術館等熱門美術館的藝術之島
始祖。融入豐饒自然景色之中的
藝術設施風景十分精彩。

以豐島美術館為
中心的景點相當豐富
豐島
てしま
P.108

有梯田和湧泉等，仍保留從古
至今島嶼生活方式的島嶼。遊
逛豐島美術館和瀨戶內國際藝
術祭之作品等的多彩多姿藝術
景點也相當有樂趣。

詢問處
● 直島（直島町觀光協會☎087-892-2299）● 犬島（桃太郎觀光中心☎086-222-2912）
● 豐島（豐島觀光協會☎0879-68-3135）　● 小豆島（小豆島觀光協會☎0879-82-1775）

島內的設施和餐飲店等常有依季節變更營業時間的狀況，出發前請先上官方網站或電話確認。

藝術的瀨戶內諸島／大略地介紹一下

充滿藝術氣息的瀨戶內島群
首先從直島的美術館介紹起

現代藝術融入島嶼風景中的直島，
是瀨戶內首推的藝術之島。
可在島內各處發現藝術作品。

富饒的大自然中融合了建築與藝術

地中美術館
ちちゅうびじゅつかん

由安藤忠雄設計，建築的絕大部份都埋在地下的美術館。長期展示克洛德·莫內、詹姆斯·特瑞爾、Walter De Maria的作品，大部分都可在自然光下欣賞。依時間、天氣、季節呈現不同模樣的作品，不管何時來訪都有欣賞的價值。

☎087-892-3755
⌂香川県直島町3449-1
🕐10:00～17:00(10～2月為～16:00) 困週一(逢假日則翌日休) 🎫參觀費2000日圓
🅿有 🚏宮浦港搭乘町營巴士16分，つつじ莊轉乘場內接駁巴士11分，地中美術館下車即到 MAP 107

設計成不破壞島嶼風景的美術館（照片／藤塚光政）

也有咖啡廳 ☕

地中カフェ ちちゅうカフェ

從室內或室外空間，都可眺望瀨戶內海的絕佳位置。可一面品嘗三明治或餅乾。

（照片／清水健夫）

Walter De Maria
『Time/Timeless/No Time』
2004
（照片/Michael Kellough）

建於俯瞰瀨戶內海的山丘上（照片／2張皆為山本糾）

安田侃『天秘』

概念是「自然、建築、藝術共存」
Benesse House Museum
ベネッセハウス ミュージアム

除了館內的展示空間，客房和走道、室外等，隨處都可以鑑賞藝術作品。大多是作家們親自造訪島上，選擇設置場所並製作的作品。

☎087-892-3223
⌂香川県直島町琴弾地 🕐8:00～21:00(最終入館20:00) 困無休 🎫參觀費1000日圓 🅿有(投宿者專用) 🚏由宮浦港搭乘往つつじ莊方向的町營巴士16分，由つつじ莊步行15分，或是轉乘場內接駁巴士5分，Benesse House Museum下車即到 MAP 107

巡遊島嶼的方法

町營巴士1小時行駛1、2班，費用為1次100日圓。前往地中海美術館、Benesse House Museum、李禹煥美術館可搭乘町營巴士到「つつじ莊」，可在那裡轉乘Benesse Art Site Naoshima的場內接駁巴士（免費）。租借自行車在島內移動，因坡道較多，適合體力較好的人。

『關係項-沈默』(2010)
以自然石頭和鐵板等最小限度的材料創作的空間作品

與大自然結合的室外廣場作品
（照片／2張皆為山本糾）

展示一位世界級藝術家的作品

李禹煥美術館
リウファンびじゅつかん

可欣賞以日本為據點並正活躍於歐洲的藝術家，李禹煥的作品。在安藤忠雄設計的半地下構造建築物內有5個空間，展示從1970年代到現在的作品。

☎087-892-3754
⌂香川県直島町倉浦1390 ⏰10:00～17:00（10～2月為～16:00）🈲週一（逢假日則翌日休）
¥參觀費1000日圓
🅿無 ♿宮浦港搭乘町營巴士16分，在つつじ莊轉乘場內接駁巴士8分，李禹煥美術館下車即到
MAP 107

把家的空間整體變為作品

Art House Project
いえプロジェクト

整建本村地區的老房子和神社等，將空間本身作品化的藝術計劃。現在有宮島達男『角屋』、內藤禮『きんざ』等7間開放參觀。入場票可在本村Lounge & Archive（MAP 107）處購得。

☎087-892-3223（Benesse House）
⌂香川県直島町本村地区
⏰10:00～16:30 🈲週一（逢假日則翌日休）
¥共通票1000日圓、單館票400日圓、『きんざ』費用另計（預約制）🅿無
♿由宮浦港搭乘往つつじ莊方向的町營巴士10分，農協前下車即到
MAP 107

『角屋』宮島達男「Sea of Time'98(時之海'98)」
（照片／2張皆為上野則宏）

『角屋』

不管是誰都會滿懷期待的藝術公眾浴池

直島錢湯「I ♥ 湯」
なおしませんとうアイラヴゆ

由親自參與許多直島作品的藝術家大竹伸朗製作，可實際泡湯的美術設施。由創意集團graf協助設計、統整，淋浴處的水龍頭和廁所等的細節也充滿玩心。

☎087-892-2626（直島町観光協會內，～18:00）
⌂香川県直島町2252-2
⏰14:00～21:00（週六・日、假日為10:00～）🈲週一（逢假日則翌日休）
¥入浴費500日圓 🅿無
♿宮浦港即到
MAP 107

光是欣賞就令人心情愉悅的彩色外觀

瓷磚上的圖樣是由大竹伸朗繪製
（照片／2張皆為渡邊修）

藝術的瀨戶內諸島／直島的美術館

一面享受令人心曠神怡的風一面環遊直島
走到累了，就到咖啡廳裡小憩片刻

在直島有許多宛如繪畫般的美景。
盡情漫步於宮浦島週邊藝術以及
深具風情的本村地區街景等景點後，就到島上的咖啡廳享受午茶時光吧。

1 草間彌生『紅色南瓜』2006年 直島・宮浦港綠地
2 本村港附近的石燈籠
3 古民宅林立的本村地區，是有許多人口居住的地區
4 位於小路前方的カフェサロン中奧（→P.107）
5 發現小小旅館。入口處的氛圍也充滿玩心
6 每家皆掛上不同門簾的街景
7 在街角處發現あいすなお（P.107）的招牌
8 自古以來的屋號取代門牌
9 SANAA設計的椅子。圓潤可愛的形狀坐起來也相當舒適

本村地區
MAP

『石橋』　本村Lounge &
Archive P.105

P.107 茶寮『碁會所』
おおみやけ C
あいすなお C
P.107

『はいしゃ』役場前『きんざ』
宮浦港

本村港
JA
農協前
『角屋』 cafe restaurant
garden P.107
『護王神社』

直島町役場
郵局
ANDO MUSEUM

『南寺』

P.107
C カフェサロン中奧

地中美術館
李禹煥美術館

Benesse House

※『角屋』、『きんざ』、『護王神社』、『南寺』、『はいしゃ』、『碁會所』、『石橋』皆為『「Art House Project」(☞ P.105)的作品。

寺島　　重石ノ鼻　　家島　直　島
直島町　　　　　　　　　周邊圖☞附錄①
上方為北方　　0　　　　700m
1:70,000

山神社　正門前　　　　　　　　向島
ヘキ水墊　大坂

P.105・115
直島銭湯『I♥湯』

猫ヶ鼻
JA
本村港

直島小　直島中
総合福祉 直島水墊
センター
宮浦港ギャラリー六区 直島

地中美術館
揚島 ベネッセハウス
(ミュージアム)
オカメノ鼻

李禹煥美術館
李禹煥美術館 P.105・115
つつじ荘

P.104・115 直島つり公園
P.104・115 Benesse House Museum
H Benesse House P.118 柏島

散步途中の 小憩片刻

在開放的和風空間裡悠閒度過

cafe restaurant garden
カフェレストランガーデン

利用木村港附近的日本住宅而成的咖啡廳。脫掉鞋子進入裡面後，有和式座位和沙發座，可享用披薩和咖哩飯等餐點。也有出租自行車服務，1天500日圓。

蒜香鱘魚的披薩900日圓

☎087-892-3301
🏠香川県直島町843-1 ⏰11:30～夕方 🈺月週一、不定休 Ｐ有
📍宮浦港搭乗町營巴士10分，本村港下車即到 MAP 107

位於小巷底的隱秘咖啡廳

カフェサロン中奧
カフェサロンなかおく

位於Art House Project的其中之一『南寺』附近。出身當地的老闆保留老屋的氛圍，改裝成咖啡廳。

附沙拉、飲料、甜點的午間套餐1300日圓

☎087-892-3887
🏠香川県直島町本村1167 ⏰11:30～15:00、17:30～20:45 🈺週二、不定休 Ｐ無 📍宮浦港搭乗町營巴士7分，役場前下車，步行5分 MAP 107

供應許多有益健康的菜色

あいすなお

非常適合步調緩慢的島嶼，放鬆系的咖啡廳。可享用使用當地食材和自家種植青菜的料理。甜點都是不使用雞蛋、白砂糖、乳製品的天然點心。

すなお聖代680日圓

☎087-892-3830 🏠香川県直島町761-1 ⏰11:00～17:00(食材賣完即打烊) 🈺不定休 Ｐ無 📍由宮浦港搭乗町營巴士10分，農協前下車即到 MAP 107

過去曾是村莊公所的咖啡廳

茶寮おおみやけ
さりょうおおみやけ

利用文化廳登錄有形文化財的建築改裝而成的咖啡廳＆餐廳。可品嘗摩洛哥鄉村料理風味的リ・アラソース和奶油餡蜜等餐點。

リ・アラソース(附沙拉) 1000日圓

☎087-892-2328
🏠香川県直島町855 ⏰11:00～16:00 🈺週一 Ｐ有 📍宮浦港搭乗町營巴士10分，農協前下車即到 MAP 107

以上介紹的咖啡廳皆位於本村地區，可在欣賞Art House Project作品途中順道前往。

梯田與湧泉之島，豐島
藝術景點的人氣也極速攀升中

有美麗的梯田風光和豐富的湧泉等，大自然豐饒的豐島。
可欣賞許多來自豐島美術館以及Les Archives du Cœur等等
2010年舉辦的「瀨戶內國際藝術祭」時的作品。

佇立於梯田的一角，貝殼形狀的美術館

豐島美術館
てしまびじゅつかん

建築師西澤立衛與藝術家內藤禮合作的美術館。完
全不使用柱子的建築呈現水滴狀構造，由天花板的
開口處直接引入自然陽光、聲音和氣流。館內可欣
賞從地上湧出的自然湧泉形成的作品『母型』。

☎0879-68-3555
🏠香川県土庄町豊島唐櫃607 🕐10:00～16:30（10～2月
為10:30～15:30）🚫週二（12～2月為週二～四休，逢假
日則翌日休）💰參觀費1500日圓 🅿無 🚌家浦港搭乘接
駁巴士15分，美術館前下車即到 MAP 111

與當地住民一同將曾是休耕田的梯田復育，並建築在其中一角
（照片／畠山直哉）

內藤禮『母型』2010年
從地板下湧出的無數水滴在地上流動，進而形成“泉”（真／森
川昇）

也有咖啡廳 ☕

只提供給豐島美術館入館者
利用。可品嘗使用豐島產食
材的飲料和美食。

（照片／齋藤圭吾）

靜靜聆聽寶貴生命的脈動

Les Archives du Cœur
しんぞうおんのアーカイブ

以生與死、記憶為主題創作，Christian Boltanski的
作品。有電燈隨著心跳聲閃爍的「Heart Room」以及
「listening room」等。有意願者可將自己的心跳變成
作品的一部份。

☎0879-68-3555（豐島美術館）
🏠香川県土庄町豊島唐櫃2801-1 🕐10:00～17:00（10～2月
為～16:00）🚫週二（12～2月為週二～四休、逢假日則翌日休）
💰參觀費500日圓，錄製心跳聲費用為1500日圓 🅿無 🚌家浦
港搭乘接駁巴士17分，唐櫃港下車步行15分 MAP 111

「listening room」
可聆聽來自全世界人們的
心跳聲
（照片／2張皆為久家靖秀）

「Heart Room」
在安靜的黑暗中傳來心跳聲

各美術館、藝術設施文藝展場以及其腹地內有禁止攝影的地方，請特別留意。

遊逛島內的方法

前往主要的藝術作品集中的家浦、唐櫃岡、唐櫃濱等各區域，推薦可利用接駁巴士。接駁巴士連結家浦、甲生、唐櫃各聚落，每1個半小時行駛1班。搭乘費用為1次200日圓。自行車出租站則在家浦港和唐櫃港等數處。

隨著宇宙的神秘力量發光

Tom Na H-iu
トムナフーリ

藝術家森萬里子由靈魂轉生得到靈感而製作的作品。以電腦連接觀測超新星爆炸（星球之死）的設施，當星球爆炸時玻璃紀念碑瞬間會發出美麗的光芒。

☎087-832-3123（瀬戶內國際藝術祭實行委員會事務局）
🏠香川県土庄町豊島家浦硯
🕙10:30～16:30
🈺週一～五（12月中旬～3月左右休館）🈶門票300日圓
🅿無 🚌家浦港搭乘接駁巴士7分，森萬里子作品前下車，步行3分 MAP 111

佇立社竹林圍繞的池子中央之紀念碑
（照片／中村脩）

在微光的黑暗房內感受的作品

Storm House
ストーム・ハウス

改建自古老住宅的室內，可體驗從大顆雨滴、打雷的轟隆聲、到使窗戶震動的強勁暴風雨通過的情況。連使用水桶接漏雨的情景也忠實呈現，令人想起暴風雨之夜的不安心情。

☎087-832-3123
（瀬戶內國際藝術祭實行委員會事務局）
🏠香川県土庄町唐櫃岡 🕙10:30～16:30
🈺週一～五（12月中旬～3月左右休館）
🈶門票300日圓
🅿無 🚌家浦港搭乘接駁巴士12分，唐櫃岡集會所前下車、步行3分
MAP 111

Janet Cardiff & George Bures Miller的作品（照片／鈴木心）

不知不覺被奇妙的影像吸引
（照片／中村脩）

倉庫中展開的想像世界

Your First Color
(Solution In My Head-Solution In My Stomach)
あなたのさいしょのいろ
わたしのあたまのなかのソリューション・わたしのいのなかのソリューション

位於與島キッチン（MAP P.111）鄰接的廣場旁。進入倉庫後被粉紅色光芒籠罩的圓形螢幕上會映照出幸福氛圍的影像。是瑞士的女性藝術家Pipilotti Rist的作品。

☎087-832-3123（瀬戶內國際藝術祭實行委員會事務局）
🏠香川県土庄町豊島唐櫃1061 🕙10:30～16:30
🈺週一～五（12月中旬～3月左右休館）
🈶門票300日圓 🅿無
📍家浦港搭乘接駁巴士12分，唐櫃岡集會所前下車，步行3分 MAP 111

藝術設施的休館日皆有可能變動，請事先上官方網站確認

豊島美術館 Les Archives du Cœur http://www.benesse-artsite.jp/ 其他設施 http://www.setouchi-artfest.jp/

藝術的瀬戶內諸島／豊島的人氣藝術景點

寄身於緩慢流逝的島嶼時光
隨性遊逛豐島之町

過去島內是可自給自足，「食物」富饒的豐島。
欣賞療癒的梯田和湧泉等的獨特景觀，
一方面品嘗使用縣產食材的料理也令人期待。

1 眺望眼前的唐櫃地區。雖然是小小的城鎮但有許多住民在此生活
2 位於壇山山麓的「唐櫃之清水」是島嶼居民的休息場所
3 入口處的橫條紋相當顯眼的イル ヴェント（→P.111）的外觀
4 滾滾湧出的「唐櫃之清水」。至今仍維持著島上居民的日常所用
5 悠閒的牛隻
6 建築物上都是島和店家的宣傳文宜
7 古老的石牆。石頭堆積的方式隨各處聚落而有不同
8 貓咪在石牆上休息
9 坡度平穩的廣闊梯田的另一邊看得到大海
10 沿著寂靜海岸散步

散步途中の小憩片刻

以笑容待客的島上阿姨

島キッチン
しまキッチン

位於唐櫃岡的餐廳。由曾是東京丸之內飯店的廚師以及當地阿姨們構思出使用島上食材的菜單。可享受口味纖細又帶有溫度的法式風格的菜色以及鄉土料理。陽台處不定時會舉辦音樂會等的活動。

☎0879-68-3771
香川縣土庄町豐島唐櫃1061
⏰11:00～16:00（食物提供～14:00）困週一～五（只營業週六‧日，營業日、時間等需事先上官網確認）P無
家浦港搭乘接駁巴士12分，唐櫃岡集會所前下車，步行3分 MAP 111

島キッチン套餐1500日圓。主菜隨當日進貨狀況，可能是魚或肉

建築物由建築設計師安部良設計

也販售可愛的手帕

草莓園農家直營的甜點店

いちご家
いちごや

可品嘗使用自家農園出產之草莓做成的可麗餅和聖代等等。整年都有的刨冰，是口感綿密的冰以及滿滿的香濃草莓醬。也販售手工製的草莓果醬。

☎0879-68-2681 香川縣土庄町豐島家浦2133-2 ⏰12:00～17:00 困不定休 P有 家浦港步行3分 MAP 111

草莓牛奶刨冰（L）500日圓

在迷彩裝飾的空間作品中用餐

イルヴェント

以「食物與藝術」為主題的咖啡廳。建築物本身為Tobias Rehberger的藝術作品『Was du liebst,bring dich auch zum weinen（你所愛的也會讓你哭泣）』。可以在模仿第一次大戰時用來偽裝船隻所使用的迷彩和條紋等花樣裝飾而成的空間裡品嘗甜點或飲料。

☎0879-68-3117
香川縣土庄町豐島家浦2309
⏰10:00～16:45 困週二（12‧~2月為週二～四休、逢假日則翌日休）图門票300日圓（利用咖啡廳時免費）P無
家浦港步行5分 MAP 111

『イルヴェント今日點心』各450日圓～

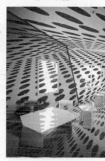

1樓和2樓的花樣完全不同。照片為特徵是圓點圖樣的2樓

土庄町

豐島

周邊圖 ➡ 附錄①

上方為北方

0　　　1km
1：90,000

曾經支撐著犬島的產業和生計的建築物變身為迷人的當代藝術

繼直島、豐島後廣受注目的藝術之島，犬島。
在這裡，重新利用煉銅工廠遺跡的藝術景點最為熱門。
在老舊的街區中，犬島的「Art House Project」也正開始發酵。

工廠遺跡和煙囪林立的遺址中為美術館（照片／3張皆為阿野太一）

柳幸典『ヒーロー乾電池』（2008）
在曾經為日本的近代化做出貢獻的煉銅廠遺跡，發展出以小說家三島由紀夫為概念的空間作品。作品本身也使用了三島由紀夫東京住家的建材。

『ヒーロー乾電池／ソーラー ロック』（2008）

『ヒーロー乾電池／イカロス タワー』（2008）

靈活運用近代化產業遺跡的美術館
犬島精錬所美術館
いぬじませいれんしょびじゅつかん

將營運到約100年前的廢棄煉銅工廠改建而成的美術館。以與環境共生為主題，使用不對環境造成負擔的自然能源之建築，出自三分一博志的設計。館內可欣賞藝術家柳幸典的藝術作品『ヒーロー乾電池』。

☎086-947-1112
🏠岡山市東區犬島327-5
🕙10:00～16:00 週二(12～2月為週二～四休，逢假日則翌日休) 💰參觀費2000日圓(與犬島「Art House Project」、Seaside Inujima Gallery共通)
🅿無 ⚓犬島港即到 MAP113

也有咖啡廳 ☕
精錬所カフェ
せいれんしょカフェ

使用犬島以及犬島近郊食材，可享受當地人共同合作開發的原創菜單。玻璃構造的店內有開闊的氛圍。

（照片／阿野太一）

位於犬島港旁
犬島Ticket Center

抵達島嶼後
首先前往這裡

位於Ticket Center內的商店（照片／阿野太一）

販賣犬島精錬所美術館、犬島『Art House Project』共通入場券。也是美術館商店的店內也附設了咖啡廳、Seaside Inujima Gallery（需共通入場券）。 MAP113

復古而簡單的外觀

附設著名美術館和藝術設施的腹地內，也有禁止攝影區域，需特別注意。

遊逛島內的方法

因是小島，只能以徒步移動。無法開車進島內，因此就利用寶傳港的付費停車場吧。

融入島嶼街景的建築和藝術
犬島『Art House Project』
いぬじまいえプロジェクト

在島上聚落展開的聚落重生計劃。展示由建築師妹島和世設計的建築以及聚落內5個藝術家的作品。2013年春天起公開展示5個藝廊和東屋。藝術總監為長谷川祐子。

☎086-947-1112(犬島精錬所美術館) 合岡山市東區犬島
🕙10:00～16:00 休週二(12·2月週二～四休，逢假日則翌日休)，事前需上官網確認 ¥參觀費用2000日圓(與犬島「Art House Project」、Seaside Inujima Gallery共通)
P無 🚶犬島港即到 MAP113

I邸
照片提供：妹島和世建築設計事務所

藝術的瀨戶內諸島／犬島的當代藝術

A邸
荒神明香『reflectwo』2013
(照片／Takashi Homma)

(右)C邸
(照片／Takashi Homma)
※通常門是關著的。

(左)The Master and the Slave: Inujima Monogatari, 2013
Jun Nguyen-Hatsushiba
在C邸內部公開，以「切石」為主題的影像作品
(照片提供／Jun Nguyen-Hatsushiba，Mzoma Art Gallery)

F邸、S邸、A邸、C邸、I邸、石職人之家跡皆為犬島「Art House Project」的作品。

四國汽船(宮浦～豐島～犬場)

P.112·115
犬島Ticket Center

犬ノ島
P.113 A邸
P.113 trees
犬島店

岡山化學工業
P.113 I邸
天滿宮
山ノ神
F邸
石職人の家跡

P.113 C邸
犬島自然の家
中の谷東屋
犬島 S邸
犬島精錬所美術館 P.112

P.113 犬島『Art House Project』
岡山市
犬島
犬島公園

沖鼓島

上方為北方
周邊圖◯附錄①
0 300m
1:25,000

想稍微小憩片刻的話

就到犬島港附近的老民宅咖啡廳
trees 犬島店
ツリーズいぬじまてん

改裝自老民宅的店內，擺設著沙發和桌椅，散發著悠閒的氣圍。菜單有使用岡山產土雞的咖哩、自製甜點、飲料等。

☎086-947-1988
合岡山市東區犬島324
🕙11:30～15:30(依每日不同，晚間需於前日預約) 休不定休 P無
🚶犬島港即到 MAP113

犬島咖哩雞肉套餐
1000日圓

藝術設施的休館日時有變動，請事先上官方網站確認。http://www.benesse-artsite.jp/

使用在島嶼上發現的藝術商品
在日常生活中也展現出文藝的一面

極簡中展現出高品味，
光是擁有就令人欣喜的
兼備了實用度和機能性的藝術商品。

 直島筆記本
1680日圓

書封的設計是以
直島的大自然為
概念
（照片提供／地
中美術館）

B **Art House Project托特包**
1900日圓

簡簡單單只印上
時尚Logo的包包
（照片提供／
Benesse House）

C **李禹煥美術館原創鐵板便條紙**
450日圓

封面是以李禹煥
偏好使用在作品
上的鐵板為設計
概念

李禹煥美術館
原創鉛筆
（1支）150日圓

鉛筆是以擺設於柱子
廣場的『關係項-點
線面』的柱子為設計
雛型

E **原創Logo圖樣毛巾**
各300日圓

大竹伸朗設
計有錢湯標
誌的毛巾

B **Art House Project便條紙磚**
1200日圓

可以用很久的
便條紙。側面
有Logo
（照片提供／
Benesse House）

C **李禹煥作品『對話』**
的手帕
3000日圓

為了製作手帕而
創作出的作品，
『對話』手帕

D **手巾**
各1000日圓

柳幸典設計的
『ヒーロー乾電
池』手巾

 地中茶
各650日圓

將嚴選茶葉品牌化的
紅茶。有4種選擇
（照片／田中園子）

還有許多藝術商品

還有犬島精錬所美術館館原創托特包（1000
日圓）等的許多商品。務必到各間美術館
商店逛逛。

藝術的瀨戶內諸島／在島嶼上發現的藝術商品

A 香水
（50ml）7350日圓~

附贈COMME
des GARCONS2
的原創包包
（照片／清水健夫）

E 泡澡組合
1000日圓

有毛巾、護髮洗髮精、沐浴皂的組合
（照片／渡邊修）

B KASHIKO
（12個入）2500日圓

使用香川縣產的和三盆砂糖的貝殼造型點心
（照片提供／Benesse House）

E T Shirt
3000日圓

金色心型十分顯眼的T恤。
也可以再泡完湯後換上
（照片／渡邊修）

C 托特包
1800日圓

印上李禹煥『對
話』作品的包包

B Benesse House
獨家橄欖油
1520日圓

（照片提供／
Benesse House）

A 地中美術館
P.104

B Benesse House Shop
Benesse House Museum P.104
Benesse House P.118

C 李禹煥美術館
P.105

D 犬島Ticket Center
P.112

E 直島錢湯「I♥湯」
P.105

帶回家後更能回憶藝術之島旅遊的感動

尋找適合拍照的景色
小豆島悠閒旅程

日本初次成功栽培出橄欖的溫暖小島，小豆島。
平靜的海洋、波紋圖樣延展的梯田等
將島嶼上的美景收進鏡頭中，就是自己獨有的作品。

島內交通方式INFO

一周約126km的小豆島是瀨戶內海中第2大島嶼。前往中山的千枚田的巴士因班次較少，開車行動較為便利。

充滿異國氛圍的橄欖樹景點
道の駅 小豆島オリーブ公園
みちのえきしょうどしまオリーブこうえん

被約2000株橄欖樹圍繞的園內，座落著可以享受地中海料理的餐廳以及泡湯設施。也可以參與使用香草的手作體驗。

☎0879-82-2200
🏠香川県小豆島町西村甲1941-1 ⓒ8:30～17:00（餐廳為10:00～20:30、泡湯設施為12:00～21:00）
㊡無休（餐廳‧泡湯設施為週三休）¥免費入園
Ⓟ有 ♣オリーブ公園巴士站步行7分
MAP 117

令人聯想到愛琴海的希臘風車

橄欖蘇打（200ml）
200日圓

也不能錯過

清水久和『Regent in Olives』

是2010年時舉辦的「瀨戶內國際藝術祭」的作品。佇立於橄欖田中，特徵是有飛機頭造型的立體裝置藝術。黑白色調與綠意創作出異次元的空間感。

🏠小豆島町馬木 ⓒ自由參觀 ¥免費參觀
♣土庄港搭乘小豆島橄欖巴士35分，馬木下車，步行10分 MAP 117

照片／高橋公人

前往名作世界的時空旅行
二十四瞳電影村
にじゅうしのひとみえいがむら

遠眺瀨戶內海的1萬m²腹地內，保存並開放電影『二十四瞳』的外景地。除了有木造校舍、壺井榮文學館、日本畫藝廊等，也有利用自老民宅的柑仔店和商店等。

☎0879-82-2455 🏠香川県小豆島町田浦甲931 ⓒ9:00～17:00（11月為8:30～）㊡無休
¥門票700日圓 Ⓟ有 ♣田ノ浦映画村巴士站即到 MAP 117

拍出了許多著名場景的木造校舍

鳥居的盡頭就是二十四瞳天滿宮

似乎還有孩子們奔跑嬉鬧的影子

被香濃的醬油香吸引
丸金醬油紀念館
マルキンしょうゆきねんかん

在1970（明治40）年創業的丸金醬油。改裝醬油倉庫而成的紀念館內，介紹並展示釀造醬油的道具以及製法。也販售醬油以及橘醋等多樣的伴手禮。

☎0879-82-0047 🏠香川県小豆島町苗羽甲1850 ⓒ9:00～16:00（視時期變動）㊡10月15日（月的週一～五為預約制）
¥門票210日圓 Ⓟ有 ♣丸金前巴士站即到 MAP 117

醬油霜淇淋
250日圓

充滿歷史古韻的木造大桶子

林立著黑色木板牆的醬油倉庫

梯田交織出的美麗風景
不禁令人讚嘆
中山千枚田
なかやまのせんまいだ

以日本名水百選的「湯船之名
水」為灌溉水源，733塊細長
形的田地一階階綿延。想要俯
瞰整個景色，就爬上梯田最頂
端的湯船山上吧。

☎0879-82-1775(小豆島觀光協
會) ⛩香川県小豆島町中山
🅿無 🚏春日神社前巴士站步行5分
MAP 117

令人心情平和的日本原始風光

1天只現蹤2次的幸福景點
Angel Road（天使的散步道）
エンジェルロードてんしのさんぽみち

退潮時才會浮出的沙洲，連
接3座小島。據說與重要的人
一起牽著手走過，就會有天
使飛舞下來實現願望。

☎0879-62-7004(土庄町商工観
光課) ⛩香川県土庄町余島
🅿有 🚏国際ホテル巴士站步行
5分 MAP 117

500m的沙洲小路綿延
（照片提供／小豆島觀光協會）

中山農村歌舞伎舞台

位於千枚田之中的春日神社境內有一座300年以
上歷史的舞台，秋季時會演出由當地演員表演
的奉納歌舞伎。

「日本的梯田百選」
之一

可從こまめ食堂
眺望梯田風光

午餐在這裡享用

こまめ食堂 こまめしょくどう

改建自老舊的碾米廠

將精心栽種的梯田米，以湯船
之名水炊煮成鬆軟米飯後製成
的飯糰是一大賣點。也有橄欖
牛漢堡排和甜點。

☎0879-75-0806
(ドリームアイランド)
⛩香川県小豆島町中山1512-2
🕐11:00～17:00 🈺週二（逢假日
則營業）🚏春日神社前巴士站即
到 MAP 117

梯田的飯糰定食1000
日圓

地圖

上方
為北方

小豆島
周邊圖 ➡附錄①

0 1.5km
1：140,000

（往岡山宇野）（往高松）

土庄町
大谷
淵崎
宝生院卍
北山 卍 シンパク 渕崎
入部
大木戸
卍龍水寺
土庄八幡宮
休暇村松風
土庄
小豆島国際
🅿Angel Road
（天使的散歩道）P.117
国民宿舎小豆島
大余島
弁天島
池田灣
国際渡輪（高松～池田）
吉野

P.117 中山千枚田
こまめ食堂 R
P.117
湯船の水 蚌子池

卍明王寺
平木
卍長勝寺
池田港
小豆島ふるさと村
石場
大峠
小蒲野 権現鼻
田浦

寒霞溪
神懸通
ブルーライン
小豆島町 千羽ヶ嶽 436
草壁本町 橋 城ヶ島
西村 草壁 安田
草壁港 苗羽 橘峠
弁天島
内海灣 苗羽港
丸金醬油紀念館 日本料理・島宿
P.116 真里 P.119
卍観音寺
坂手 瀬戸
坂手港 小島
P.116
二十四瞳電影村 風ノ子島

道の駅 小豆島オリーブ公園 P.116
Regent in
Olives P.116

富士峠 蒲野

想要盡情享受瀨戶內小島一整天
推薦以下住宿設施

要投宿哪裡呢？這種問題也是旅行的重點。
難得來到島上，不妨入住不光只能休息，
也有許多額外享受的住宿設施也不錯。

沈浸在安藤忠雄的建築藝術世界裡

Benesse House

‖直島町‖

概念為「自然、建築、藝術的共存」。美術館
與飯店共構，客房內和館內隨處都可欣賞藝術
作品。由客房設置在美術館內的Museum、位
於台地上的Oval、全為大套房並可欣賞海景的
Beach、以及環繞在綠意盎然樹林中的Park這
4棟建築構成。

☎087-892-3223 ⑪香川県直島町琴弾地
⏰IN15:00 OUT11:00 客室洋65 ¥雙床房30000日
圓～ P有（只提供房客使用）📍宮浦港搭乘投宿旅客
專用接駁車約10分 MAP 107

Check
①館內各處都有藝術作品
②全客房都是海景客房
③提供投宿旅客專用巴士

■被整片綠意環繞的園區
②園區客房
（照片／2張皆為渡邊修）

可享受美麗夕陽和溫泉的
久待型度假飯店

Resort Hotel Olivean Shodoshima

‖土庄町‖ リゾートホテルオリビアンしょうどしま

佇立於觀賞日落相當著名的夕陽之丘上。從溫
泉「Olivean之湯」，可一面眺望悠閒的瀨戶
內海風光一面享受露天溫泉。也有游泳池、迷
你高爾夫、網球場等充實設備。

☎0879-65-2311
⑪香川県土庄町屋形崎63-1
⏰IN14:30 OUT11:00 客室和17、洋
90、和洋3 ¥附2食10800日圓～
P有 📍土庄港搭乘小豆島橄欖巴士
20分，馬越下車步行15分
MAP 附錄①H-4

※住宿費用基本上是為淡季的平日，並以客房最多的房型計算
2人1間的1人份費用

Check
①提供土庄港接送服務
②可欣賞夕陽一面在大廳飲用招待香檳
③有租車服務

■設備充實，也有寵物房
②夕陽之丘是日本夕陽百景之一
③迷你高爾夫球場
④有48㎡之大的豪華房

可品嘗醬油宴席的
風情洋溢人氣旅館

日本料理・島宿 真里

‖ 小豆島町 ‖ にほんりょうりしまやどまり

改建有八十餘年歷史的老民宅而成，1
天只限定7組客人的人氣旅館。有主房
以及2棟別館構成共7間客房。客房有
附庭院或樓中樓等多種樣式，並附設
風格一致的浴池。還可享受使用當地
特產的醬油及發酵麴烹調的鮮魚料理
「醬油宴席」。

① 別館「お」的西式客廳　② 在客房可24
小時享受源自此地的溫泉　③ 旅館改裝自
大正後期的倉庫而成　④ 100%使用小豆
產橄欖油的原創芳療　⑤ 使用醬料調味
的魚貝類和青菜的「醬油宴席」

Check
① 在客房內也可享受自家源泉的
　溫泉
② 也可在客房內享受芳療按摩
　（週三除外）
③ 提供由池田港、草壁港等的接送服務

☎0879-82-0086
⌂香川県小豆島町苗羽
甲2011
⏰ IN14:00 OUT11:00
客室 和6、和洋1
¥附2食23000日圓～
P有　草壁港搭乘小
豆島橄欖巴士7分，丸金
前下車步行5分 MAP 117

前往倉敷・尾道・瀨戶內諸島的交通方式

前往倉敷・尾道・瀨戶內諸島旅行的門戶，搭乘飛機的話就是廣島機場。
搭乘電車則為同時也是山陽新幹線主要車站的岡山站、福山站。
配合目的地，選擇最舒適順暢的交通方式吧。

各地前往倉敷

搭乘新幹線於岡山站下車，轉乘JR山陽本線。搭乘飛機則利用岡山機場。

前往倉敷，可搭乘山陽新幹線於岡山站下車，轉乘JR山陽本線前往倉敷站。新幹線的話也有新倉敷站，但只有「こだま」會靠站。建議利用「のぞみ」、「ひかり」等新幹線皆會停靠的岡山站較為順暢。搭乘飛機的話，由岡山機場到倉敷站有利木津巴士行駛。

出發地點	交通工具	路線	所需時間	費用
東京	🚄	**東京站**→新幹線のぞみ→**岡山站**→JR山陽本線→**倉敷站**	3小時45分	16860日圓
	✈	**羽田機場**→ANA·JAL→**岡山機場**→利木津巴士→**倉敷站北口**	2小時10分	31370日圓
大阪	🚄	**新大阪站**→新幹線のぞみ→**岡山站**→JR山陽本線→**倉敷站**	1小時15分	6380日圓
名古屋	🚄	**名古屋站**→新幹線のぞみ→**岡山站**→JR山陽本線→**倉敷站**	2小時10分	11190日圓
福岡	🚄	**博多站**→新幹線のぞみ→**岡山站**→JR山陽本線→**倉敷站**	2小時10分	12680日圓
仙台	✈	**仙台機場**→ANA·JAL·JEX·IBEX→**大阪 (伊丹) 機場**→利木津巴士→**新大阪站**→新幹線のぞみ→**岡山站**→JR山陽本線→**倉敷站**	3小時20分	38870日圓
札幌	✈	**新千歲機場**→ANA(季節班次)·ADO→**岡山機場**→利木津巴士→**倉敷站北口**	3小時	45100日圓
沖繩	✈	**那霸機場**→JTA→**岡山機場**→利木津巴士→**倉敷站北口**	2小時35分	37500日圓

各地前往尾道

搭乘新幹線於福山站下車，轉乘JR山陽本線。搭乘飛機則利用廣島機場。

前往尾道，可搭乘山陽新幹線於福山站下車，轉乘JR山陽本線移動到尾道站。停靠福山站的「のぞみ」1小時1班營運。也有新幹線的新尾道站，不過只有「こだま」停靠。搭乘飛機的話，由廣島機場到三原站有利木津巴士行駛。

出發地點	交通工具	路線	所需時間	費用
東京	🚄	**東京站**→新幹線のぞみ→**福山站**→JR山陽本線→**尾道站**	4小時10分	17490日圓
	✈	**羽田機場**→ANA・JAL→**廣島機場**→利木津巴士→**三原站**→JR山陽本線→**尾道站**	2小時40分	31950日圓
大阪	🚄	**新大阪站**→新幹線のぞみ→**福山站**→JR山陽本線→**尾道站**	1小時30分	8270日圓
名古屋	🚄	**名古屋站**→新幹線のぞみ→**福山站**→JR山陽本線→**尾道站**	2小時30分	12460日圓
福岡	🚄	**博多站**→新幹線のぞみ→**福山站**→JR山陽本線→**尾道站**	2小時10分	11310日圓
仙台	✈	**仙台機場**→ANA·IBEX→**廣島機場**→利木津巴士→**三原站**→JR山陽本線→**尾道站**	2小時50分	40050日圓
札幌	✈	**新千歲機場**→JAL·ANA(季節班次)→**廣島機場**→利木津巴士→**三原站**→JR山陽本線→**尾道站**	3小時	46750日圓
沖繩	✈	**那霸機場**→ANA→**廣島機場**→利木津巴士→**三原站**→JR山陽本線→**尾道站**	3小時	33050日圓

co-Trip推薦
方便好用手機網站

國內線.com
可以檢索、購買日本國內航空公司的路
線、座位、費用。
http://m.kokunaisen.com(行動電話·智慧型手機)
http://www.kokunaisen.com(PC)

JR おでかけネット
可以檢索、預約新幹線和火車路線的
時刻、路線、費用。
http://www.jr-odekake.net/
(行動電話·智慧型手機)(PC)

若是卡片會員有許多優惠活動
若登錄JAL或ANA等的各種卡片會員，不
僅可以累積里程，還可以提早預約優惠
票券等，有許多好處。若是申辦有信用
卡功能的卡片，可以一起付款更便利。

靈活運用飛機
的折扣機票

航空公司都會提供像是購買雙程票，或
是早鳥票、特定班次機票等的折扣票
種。活用每家航空公司都會推出的折扣
機票制度，享受一趟低廉的空中之旅
吧。

※資訊為2013年12月時之訊息。
除了JR，其他的交通機關皆為普通期間的主要交通方
式、單程費用為起點～終點站之間之費用。需時為粗
估，不包括轉乘時間。

那霸

從各地前往倉敷的高速巴士，由東京、名古屋、福岡地區有夜行班次，京阪神地區則是白天班次行駛。

周邊都市前往倉敷‧尾道

從周邊都市前往利用JR最為便利

前往倉敷

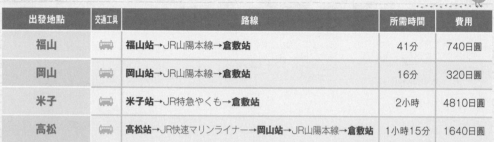

出發地點	交通工具	路線	所需時間	費用
福山	🚃	**福山站**→JR山陽本線→**倉敷站**	41分	740日圓
岡山	🚃	**岡山站**→JR山陽本線→**倉敷站**	16分	320日圓
米子	🚃	**米子站**→JR特急やくも→**倉敷站**	2小時	4810日圓
高松	🚃	**高松站**→JR快速マリンライナー→**岡山站**→JR山陽本線→**倉敷站**	1小時15分	1640日圓

前往尾道

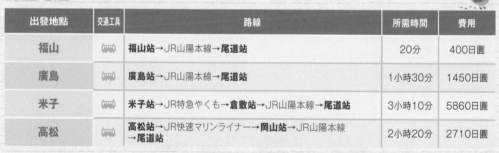

出發地點	交通工具	路線	所需時間	費用
福山	🚃	**福山站**→JR山陽本線→**尾道站**	20分	400日圓
廣島	🚃	**廣島站**→JR山陽本線→**尾道站**	1小時30分	1450日圓
米子	🚃	**米子站**→JR特急やくも→**倉敷站**→JR山陽本線→**尾道站**	3小時10分	5860日圓
高松	🚃	**高松站**→JR快速マリンライナー→**岡山站**→JR山陽本線→**尾道站**	2小時20分	2710日圓

尋找超值方案

以相同路線來回時，尋找2～3人即可成行的旅行社超值專案也是一個方法。自由行的方案，是只有來回的交通費用以及住宿費用組合而成的方案。比起自行安排更為便宜。在網路上搜尋看看吧。

鐵路&租車票券

是為了給前往旅行起點時使用JR移動，抵達後便使用車站租車隨意觀光的旅客推出的超值車票。在車站的JR售票處（みどりの窗口）及主要旅行社都有販售。

用青春18車票的慢行之旅

青春18車票（青春18きっぷ）是可以1整天無限制搭乘JR的快速、新快速的車票，悠閒地搭著火車的慢行之旅，說不定途中會有什麼意想不到的新發現呢。一張車票可以用5日（人），11500日圓。配合春假、暑假、寒假期間發售。

利用高速巴士團體旅行的話，回數票較划算

成人4人之旅，或是2人來回的話，利用高速巴士的回數票（4張一組）最為划算。譬如從大阪站前～倉敷站前之間，單程費用3360日圓會變為3000日圓。

周邊都市前往瀨戶內諸島

要前往瀨戶內諸島，需由最近的港口搭乘渡輪或高速船前往島上。
也有只於特定季節行駛的航班，請事先確認。

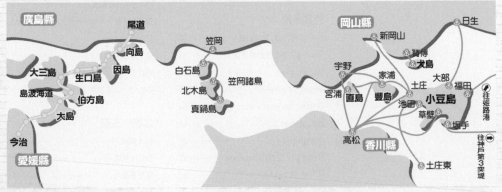

前往島波海道

由橋連接6個島嶼的島波海道，推薦由尾道前往。搭乘巴士時，可利用路線巴士到因島，再轉乘しまなみライナー。另外，利用租車也非常便利。

路線	交通工具	所需時間	費用
尾道站前→(路線巴士)→因島大橋→(高速巴士しまなみライナー)→今治站前	🚌	1小時15分	2200日圓

前往直島

由宇野港利用渡輪前往。由四國前往時可利用高松港發船的渡輪。

路線	交通工具	所需時間	費用
宇野港→宮浦港	🚢	20分	280日圓
高松港→宮浦港	🚢	50分	510日圓

前往豐島

由宇野港往豐島可利用渡輪。由高松港則有高速船運行。

路線	交通工具	所需時間	費用
宇野港→家浦港	🚢	40分	750日圓
高松港→家浦港	高速船	35分	1300日圓

前往犬島

由JR岡山站搭乘路線巴士1小時20分，於寶傳港利用往犬島的定期船班。

路線	交通工具	所需時間	費用
寶傳港→犬島港	定期船	10分	300日圓

前往小豆島

姬路港、新岡山港、日生港、高松港等有渡輪行駛。除了由高松港前往小豆島的主要港口土庄港之外，也有到池田港、草壁港的船班。配合島上的觀光行程做選擇吧。

路線	交通工具	所需時間	費用
神戶第3突堤→坂手港	🚢	3小時	1890日圓
姬路港→福田港	🚢	1小時40分	1480日圓
日生港→大部港	🚢	1小時	1000日圓
新岡山港→土庄港	🚢	1小時10分	1000日圓
宇野港→豐島→土庄港	🚢	1小時30分	1200日圓
宇野港→豐島→土庄港	高速船	50分	1200日圓
高松港→土庄港	高速船	30分	1140日圓
高松港→土庄港	🚢	1小時	670日圓
高松港→池田港	🚢	1小時	670日圓
高松港→草壁港	高速船	45分	1140日圓
高松港→草壁港	🚢	1小時	670日圓

倉敷

外文字母

日文假名

二劃～五劃

六劃～八劃

index

Ⓣ 景點　Ⓡ 餐廳　Ⓒ 咖啡廳　Ⓢ 商店　Ⓗ 飯店

尾道

數字、外文字母

日文假名

二割～五割

六割、七割

index

Ⓢ 景點　Ⓡ 餐廳　Ⓒ 咖啡廳　Ⓢ 商店　Ⓗ 飯店

ことりっぷ co-Trip 小伴旅

倉敷‧尾道
瀬戶內諸島

【co-Trip日本系列24】

倉敷‧尾道‧瀨戶內海諸島小伴旅

作者／MAPPLE 昭文社編輯部
翻譯／王凱洵
校對／廉凱評
發行人／周元白
製版印刷／長城製版印刷股份有限公司
出版者／人人出版股份有限公司
地址／23145新北市新店區寶橋路235巷
6弄6號7樓
電話／（02）2918-3366（代表號）
傳真／（02）2914-0000
網址／www.jjp.com.tw
郵政劃撥帳號／
16402311人人出版股份有限公司

經銷商
聯合發行股份有限公司
電話／（02）2917-8022

第一版第一刷／2015年3月
修訂第一版第二刷／2018年3月
定價／新台幣300元

co-Trip KURASHIKI ONOMICHI
SETOUCHINOSHIMA ことりっぷ倉敷‧尾道 瀬
戶内の島
Copyright © Shobunsha Publications, Inc. 2015
All rights reserved.
First original Japanese edition published by
Shobunsha Publications, Inc. Japan
Chinese (in traditional characters only)
translation rights arranged with Jen Jen
Publishing Co., Ltd.
through CREEK & RIVER Co., Ltd.

●本書提供的，是2013年11～12月的資訊。由於資訊可能有所變更，要利用時請務必先行確認，因日本調高消費稅，各項金額可能有所變更；部分公司行號可能標示不含稅的價格。此外，因為本書中提供的內容而產生糾紛和損失時，本公司礙難賠償，敬請事先理解後使用本書。
●電話號碼提供的都是各設施的詢問電話，因此可能會出現非當地號碼的情況。因此使用衛星導航等設備查詢地圖時，可能會出現和實際不同的位置，敬請注意。
●各種費用部分，入場券部分的標示以大人的票價為基準。
●開館時間、營業時間，以到停止入館的時間之間，或是到最後點餐時間之間為基準。
●不營業的日期，只標示公休日，不包含臨時停業或盂蘭盆節和過年期間的休假。
●住宿費用的標示，是淡季平日2人1房入宿時的1人份費用。但是部分飯店，也可能房間為單位來標示。
●交通標示出來的是主要交通工具的參考所需時間。
●本文內詢問處基本上使用的語言是日文，請注意。

●這本書所掲載的地圖的作成に当たっては、国土地理院長の承認を得て、同院発行の2万5千分の1地形図、5万分の1地形図、20万分の1地勢図を使用した。(承認番号 平25情使、第7-154088号 平25情使、第8-154088号 平25情使、第9-154088号)
●這本書所掲載された地圖のシェーディング作成にあたっては、「地形モデル作成方法」(特許第2623449号）を使用しました。

●著作權所有 翻印必究●

國家圖書館出版品預行編目(CIP)資料

倉敷.尾道：瀨戶內諸島小伴旅 /
MAPPLE昭文社編輯部作；王凱洵譯.
-- 第一版. -- 新北市：人人, 2015.03
面； 公分. --(co-Trip日本系列；24)
譯自：倉敷.尾道.瀨戶內の島
ISBN 978-986-5903-81-7(平裝)

1.旅遊 2.日本
731.9   104002421

LLM